旅鉄
GUIDE

TABI-TETSU GUIDE | 005

子どもと行く 首都圏トレインビュースポット

「旅と鉄道」編集部・編

天夢人
Temjin

もくじ

2章　電車が見える車両基地 ……………… 37

3章　電車が見える公園・河川敷…………69

4章　電車が見える施設・駅 ……………… 109

※本書の情報は 2023 年 3 月末時点のものです。施設や電車等の情報が変更になっている場合があります。おでかけのさいは現地の最新情報をご確認ください。

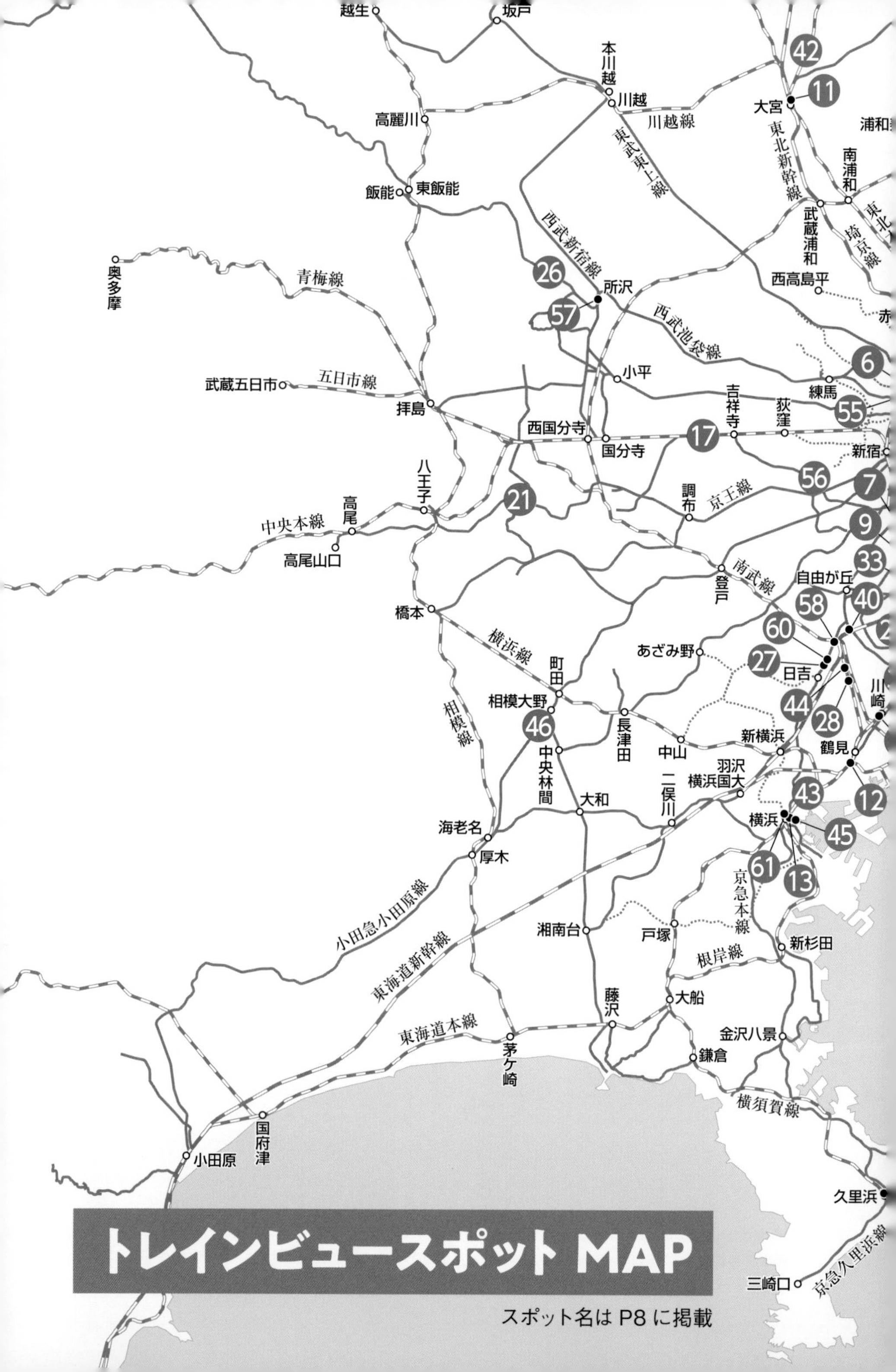

トレインビュースポット MAP

スポット名は P8 に掲載

東武伊勢崎線
武蔵野線
常磐線
取手
流山おおたかの森
柏
南流山
新松戸
成田線
北総線・京成成田空港線
松戸
東松戸
新鎌ヶ谷
成田
成田空港
上野
東京
西船橋
船橋
京成本線
佐倉
総武本線
新木場
京葉線
千葉
蘇我
成東
東金線
大網
五井
小湊鐵道
木更津
内房線
久留里線
上総亀山
上総中野
いすみ鉄道
外房線
大原
48
19
30
29
16
15
38
37
22
25
1
3
18
36
4
52
53
24
41
23
51
50
49
34
35
31
10
54
14
8
32

トレインビュースポット一覧

1章

1 芋坂跨線橋
2 下御隠殿橋
3 両大師橋
4 すみだリバーウォーク
5 聖橋
6 池袋人道橋パークブリッジ
7 大丸跨線橋
8 八ツ山橋
9 夢さん橋ビューロード
10 札の辻橋
11 大栄橋
12 花月園前人道橋
13 月見橋

2章

14 大井車両基地
15 東京新幹線車両センター
16 尾久車両センター
17 三鷹車両センター
18 上野検車区
19 荒川車両検修所
20 馬込車両検修場
21 高幡不動検車区
22 隅田川駅
23 幕張車両センター
24 深川検車区行徳分室
25 くぬぎ山車両基地
26 小手指車両基地
27 元住吉検車区
28 新鶴見機関区

3章

29 飛鳥山公園
30 田端台公園
31 本芝公園
32 港南緑水公園
33 しながわ中央公園
34 イタリア公園
35 豊洲公園
36 隅田公園
37 千住東町公園
38 荒川橋梁
39 西六郷公園
40 多摩川丸子橋緑地
41 西船近隣公園
42 神明北公園
43 浦島公園
44 新川崎ふれあい公園
45 高島水際線公園
46 林間公園
47 久里浜でんしゃ公園

4章

48 北とぴあ
49 東京交通会館
50 KITTE 丸の内「KITTE ガーデン」
51 東京駅新幹線ホーム
52 秋葉原 UDX
53 マーチエキュート神田万世橋
54 高輪ゲートウェイ駅
55 ダイヤゲート池袋「ダイヤデッキ」
56 京王リトナード永福町「ふくにわ」
57 所沢駅　屋外デッキ
58 武蔵小杉東急スクエア　展望デッキ
59 カワサキデルタ
60 元住吉駅　屋外デッキ
61 はまレールウォーク

1章

電車が見える橋

東京・日暮里駅

芋坂跨線橋

いもざかこせんきょう

日暮里駅の南改札口を出て鶯谷駅方面へ5分ほど進むと、右手に「芋坂」という坂があらわれる。この坂を進んだ先にあるのが芋坂跨線橋だ。歩行者のためのこじんまりとした橋で、電車との距離が近く臨場感たっぷり。人通りもあまりなく落ち着いて電車鑑賞を楽しめる。

橋の下を山手線や京浜東北線、常磐線など東京の通勤電車たちが次々と駆け抜けていく。鶯谷方面の奥には京成線の電車も望める。

最寄りの出口は南改札口だが、急な階段しかないのでベビーカーなどを利用の場合は東口から向かうのがおすすめ。

眼下を東京の通勤電車が行き交う

橋の幅は狭く、人道橋なので両サイドの行き来も簡単。来る電車も去る電車もしっかり見届けられる

橋の両サイドは柵で囲われているので安心。柵の間からしっかり電車の姿をみることができる

見られる電車

- 山手線
- 京浜東北線
- 高崎線
- ・草津・四万／あかぎ
- 宇都宮線
- 常磐線
- ・ひたち／ときわ
- 京成線　など

POINT

跨線橋の階段も臨場感抜群！

跨線橋の階段部分からも電車がよく見える。目の前を常磐線が駆け抜け、橋の上とはまた違った迫力ある眺めが楽しめる。

access

●JR・京成「日暮里駅」南改札口より徒歩5分、東口より徒歩8分

東京・日暮里駅

下御隠殿橋

しもごいんでんばし

日暮里駅の北口を出て目の前に広がる道が下御隠殿橋だ。駅から道路を渡って向かい側がビューポイントになる。ここは「トレインミュージアム」と称され、東北・上越・北陸新幹線をはじめ、山手線や京成線、特急「ひたち」などさまざまな電車がひっきりなしにやってくる。

人気のトレインビュースポットで、特に休日は電車を見に来た親子連れでにぎわっている。そのため、気兼ねなく電車見物をしやすい雰囲気がある。とはいえ、人通りもそれなりにあり、車道にも面しているので見学のときは配慮するようにしよう。

多彩な電車が走る「トレインミュージアム」

日暮里駅の北口から車道を挟んですぐ向かいがビューポイント

足下近くまでが柵になっており、小さい子でも見やすい。また、橋の一部がバルコニーのようにせり出した見学スペースになっている

見られる電車

- ●東北・山形・秋田新幹線
- ●北陸・上越新幹線
- ●山手線
- ●京浜東北線
- ●高崎線
- ・草津・四万／あかぎ
- ●宇都宮線
- ●常磐線
- ・ひたち／ときわ
- ●京成線
- ・スカイライナー

など

access

●JR・京成「日暮里駅」北口すぐ

POINT

右上を見上げるとスカイライナーが！

一番右端を走るのは京成本線。線路は地上と高架の２段になっている。高架線には特急「スカイライナー」が発着するので、こちらにも注目しよう！

東京・上野駅

両大師橋

りょうだいしばし

上野駅の公園口を出て鶯谷方面へ線路沿いに5分ほど進むと、右手に線路をまたぐ両大師橋が見えてくる。ここからは、上野駅を発着するJRの在来線を一望できる。

人通りは比較的少なめで、歩道がせり出しているポイントがいくつかあるので落ち着いて鑑賞しやすい。橋と電車の距離が近く、足の下を走り抜けていく電車を間近に見ることができる。

駅から近く、橋のたもとにはトイレもある。国立科学博物館などもすぐそばなので、上野観光のついでに立ち寄るのもおすすめだ。

上野駅を発着する電車を一望

橋の一部がせり出しており、ここからの見学がおすすめ

橋の下をのぞき込むと、電車が足下を駆け抜けていく

見られる電車

- 山手線
- 京浜東北線
- 高崎線
  - ・草津・四万／あかぎ
- 宇都宮線
- 常磐線
  - ・ひたち／ときわ

など

access

●JR「上野駅」公園口より徒歩6分

POINT

橋のさまざまなポイントから楽しもう

橋上には上の写真のようなせり出しているポイントが並ぶ。上野駅は路線によってホームの高さが違うので、いろいろなポイントから違った見え方を楽しもう。

東京・浅草駅

すみだリバーウォーク

すみだりばーうぉーく

隅田川に架かる東武線の橋梁沿いに造られた遊歩道、すみだリバーウォーク。2020（令和2）年に浅草と東京スカイツリーエリアを結ぶ商業施設「東京ミズマチ」のオープンにともない開橋した新スポットだ。

すぐ横が東武線の橋梁のため電車が来るたびに振動が伝わり、スペーシアやリバティなどの特急も間近に感じることができる。

浅草駅は路線によって位置がはなれているが、最寄りは東武鉄道浅草駅。駅の案内にしたがって進むと5分ほどでたどり着く。橋の入り口にはスロープも備えている。

頭上をスペーシアが駆け抜ける

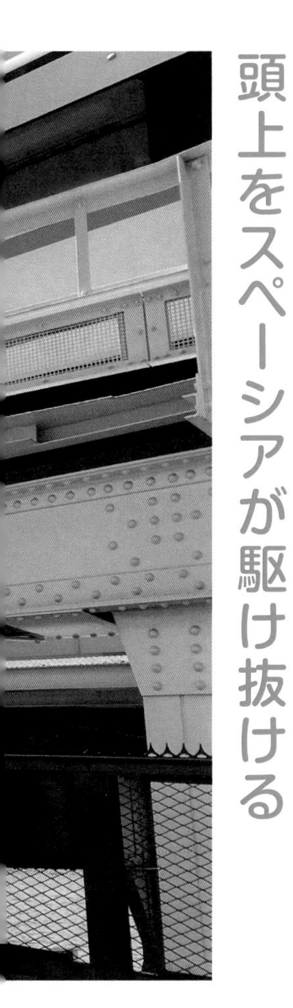

鉄道橋の真横にぴったりと沿うように架けられている。観光客が多いので、譲り合って鑑賞や撮影をするようにしたい

隅田川の眺めも美しい。奥に架かる吾妻橋からは東武線がよく見える

●東武伊勢崎線
・けごん／きぬ など

access

●東武「浅草駅」北口より徒歩5分
●東京メトロ「浅草駅」より徒歩7分

POINT

真横を通る電車を“体感”する

鉄道橋の真横を歩くため、見やすさという意味では橋から離れた方が電車の全体像はよく見える。音と振動で電車を“体感”できるのがこのスポットの魅力だ。

東京●御茶ノ水駅

聖橋

ひじりばし

御茶ノ水駅の聖橋口を出てすぐそばに架かる聖橋。千代田線の新御茶ノ水駅からもほど近い。この橋からは、川面を走る地下鉄と、その上を走るJR線が交差する珍しい風景を見ることができる。ただし、電車は間断なく来るものの地下鉄とJR線がきれいに交差するのはなかなかタイミングが難しい。気長にその時を待とう。

また、橋の手すりはコンクリート造りですき間がないタイプなので背が届かない小さいお子さんは抱っこ必至。人通りもあるので、通行人の邪魔にならないよう鑑賞しよう。

川と電車が交錯する

橋の柵はしっかりした造りで小さい子の視点だと電車が見えないので注意

ビルと電車と川が交差する、東京ならではの風景。神田川を行く船が通過することも

見られる電車

- ●中央線
- ・あずさ／かいじ
- ●中央・総武線
- ●東京メトロ丸の内線

など

access

- ●JR「御茶ノ水駅」聖橋口より徒歩1分
- ●東京メトロ「新御茶ノ水駅」B1出口より徒歩1分

POINT

橋の下からの鑑賞もオススメ

手すりが高く、小さい子の視点だと橋の上からの鑑賞が難しいため、脇の歩道やお茶の水橋口から回り込んで橋の下からの鑑賞もおすすめだ。

東京・池袋駅

池袋人道橋パークブリッジ

いけぶくろじんどうきょうぱーくぶりっじ

池袋人道橋パークブリッジは池袋大橋に併設する歩道橋で、池袋駅の東口から線路沿いに延びる池袋駅前公園を進んだ先にある。

埼京線、山手線、湘南新宿ラインが三つ編みのように立体的に交差する様子が見られる、人気のトレインビュースポットだ。右奥には池袋駅を発着する東武東上線も見ることができる。

橋にはスロープで上ることができ、人道橋なので車が来ることもなく安心。歩行者や自転車に気をつけながら見学しよう。隣接する池袋大橋からはまた違った眺めが楽しめるのでこちらもおすすめだ。

三方向から電車が行き交う

池袋大橋につながる歩道橋。歩道の柵は低めなので子どもでも見やすい

右奥には池袋駅を発着する東武東上線の姿も見える

見られる電車

- 山手線
- 埼京線
- 湘南新宿ライン
- 東武東上線　など

access

- JR「池袋駅」東口より徒歩8分

POINT

池袋大橋からは違った風景が楽しめる

歩道橋から階段を上ると池袋大橋につながる。ここからは立体交差は見えないが、駅を発着する各線がよく見える。特に東武線を見るならこちら側がおすすめ。

東京・恵比寿駅

大丸跨線橋

だいまるこせんきょう

恵比寿駅と目黒駅の中間に位置する歩道橋。どちらの駅からも徒歩12分ほどだが、恵比寿駅からならガーデンプレイスを通り抜けていけば車道をあまり通らないのでおすすめだ。

橋の上から目黒方面を見ると線路が上下に分かれており、トンネルを抜けてくる埼京線・湘南新宿ラインと、上を走る山手線が見られる。

橋の幅は広めで、人通りもそこまで多くないのでゆったりと電車鑑賞を楽しむことができる。また、橋のそばには電車こそ見えないが公園もあり、トイレも設けられている。

2層に分かれて走るJR線

橋の一部はすりガラスのようになっているが、金網の部分から電車を見ることができる

トンネルの向こうから特急「成田エクスプレス」がやってくることも！

見られる電車

- ●山手線
- ●埼京線
- ●湘南新宿ライン　など

access

- ●JR「恵比寿駅」東口より徒歩12分
- ●JR「目黒駅」より徒歩12分

POINT

ガーデンプレイスの地下道を通るのがおすすめ

恵比寿駅から向かう場合は、恵比寿ガーデンプレイスを通り抜けるのがおすすめ。地下道には間近で電車が見られるポイントもある。

東京・北品川駅

ハツ山橋

やつやまばし

北品川駅から徒歩５分ほどに位置するハツ山橋。眼下を山手線や京浜東北線、東海道本線などが行き交い、目の前には京急の電車が駆け抜けていく。

電車との距離が近く迫力満点。特に京急線は橋の脇にある踏切付近から見ると眼前に迫ってくるように感じられる。

人通りもあり、すぐ線路や道路に飛び出せる位置に踏切もあるため気を付けて見学するようにしよう。

京急の北品川～品川付近は再開発の計画が進んでおり、ハツ山橋周辺の風景も変わる可能性がある。今のうちにこの眺めを堪能しておこう。

目の前を京急、眼下をJRが走る

味のある欄干。すき間が十分にあるので下を走るJR線もよく見える

橋のすぐ脇に踏切が。まさに目の前を京急線が走り抜けていく

見られる電車

- 東海道本線
- ・踊り子
- 山手線
- 京浜東北線
- 横須賀線
- 京急本線

など

access

- 京急「北品川駅」より徒歩5分
- JR「品川駅」高輪口より徒歩7分

POINT

橋の脇からの眺めも迫力満点

踏切と反対側の橋の脇からは列車がクロスする様子がよく見えてこちらも迫力がある。そのまま線路沿いの歩道を進んでいくと品川駅にたどり着く。

東京・大崎駅

夢さん橋ビューロード

ゆめさんばしびゅーろーど

JR大崎駅の南改札を出ると、オープンデッキ・夢さん橋ビューロードが広がる。大崎駅から東西のビルをつなぐデッキで、大崎駅を走る電車を一望することができる。見える電車は湘南新宿ラインや山手線、りんかい線のほか、中央の線路を成田エクスプレスが駆け抜けることもある。

デッキはかなり広いのでゆったりと見学できる。屋根があるので天気が悪い日も安心だ。

品川や大井町など周辺駅にもトレインビュースポットが多いので、エリア一帯で電車巡りの旅を楽しむのもおすすめ。

改札正面にひろがるビュースポット

大崎駅南改札目の前に広がるオープンデッキ。広く屋根もあるのでゆったり見学できる

線路に面した部分は大きなガラス張りで見やすい

見られる電車

- 湘南新宿ライン
- りんかい線
- 山手線
- 東海道新幹線

など

access

- JR「大崎駅」南改札口すぐ

POINT

奥には東海道新幹線の姿も

写真だと分かりにくいが、奥には東海道新幹線の姿も見える。肉眼ではもっとはっきり見えるので線路の奥にも注目してみよう。

東京・田町駅

札の辻橋

ふだのつじばし

JR田町駅、都営浅草線の三田駅から国道15号（第一京浜）沿いを10分ほど進んだ先にある跨線橋。多くの線路をまたいでおり、山手線や京浜東北線、東海道本線などのJR在来線のほか、東海道新幹線を見下ろすことができる。

歩道は比較的広く、少し開けたスペースもあるので見学しやすい。また、高くて目の細かい金網がかかっているが、肉眼で電車を見る分には問題なさそうだ。

写真を撮る場合は、フェンスの途切れる橋の両端がおすすめ。田町駅周辺には他にも、本芝公園など新幹線が見えるスポットが点在している。

東海道新幹線を見下ろせる

歩道の欄干には金網が下まで貼られており安心

橋の下や脇からも新幹線がよく見える

見られる電車

●東海道新幹線
●山手線
●上野東京ライン
●京浜東北線
●東海道本線
・踊り子
など

access

●JR「田町駅」三田口・都営地下鉄「三田駅」より徒歩10分

POINT

写真は撮りにくいけど肉眼ではばっちり

橋に貼られたフェンスは目が細かく、電車の写真を撮ろうとするとなかなか難しい。肉眼ではしっかり見えるので、目に焼き付けるようにしよう。

埼玉・大宮駅

大栄橋

たいえいばし

大宮駅から徒歩8分ほど、駅の北側の線路に架かる橋が大栄橋だ。宇都宮線や高崎線、京浜東北線、東武野田線など大宮駅を発着する電車を一望できる。

また、橋の西側ではニューシャトルの姿も見ることができる。ニューシャトルのそばには東北・上越・北陸新幹線も走るが、残念ながらこちらは高架に隠れて頭しか見えない。

また、大宮駅と反対側には大宮総合車両センターがあり、メンテナンス中の車両が停まっていることも。

歩行者や自転車もよく通るので、見学の際は注意するようにしたい。

大宮発のいろいろな電車が見られる

橋の西側からは、高架を走るニューシャトルの姿も見ることができる

歩道は通行量も多いので見学には注意を。橋の欄干は小さい子でも十分に電車が見える

見られる電車

- 宇都宮線
- 高崎線
- 川越線
- 湘南新宿ライン
- 東武野田線
- ニューシャトル

など

access

- JR・東武「大宮駅」より徒歩8分

POINT

車両センターの電車もチラリ

大宮駅の近くにはJR東日本の大宮車両センターがある。駅とは反対側の歩道からその様子が垣間見える。この日もさまざまな車両が停まっていた。

神奈川•花月総持寺駅

花月園前人道橋

かげつえんまえじんどうきょう

京急本線の花月総持寺駅から直結の歩道橋。京浜東北線や横須賀線、東海道本線などのJR線、さらに貨物列車も多く行き交う人気のトレインビュースポットだ。途切れることなく電車が来るのでいつまでも見ていられる。京急本線の駅ではあるが、橋がまたぐのはJRの線路のため、京急の電車を見たい場合は駅の外に降りた方がよく見える。

人通りはそこまで多くなく、電車を見に来ている親子も多いので子ども連れでも見学しやすい。エレベーターやスロープが備えられ、駅のトイレもすぐそばなので安心だ。

京急駅から見らえるJRの列車たち

歩道橋は駅から直結。車が来ないので、橋の両サイドの行き来もしやすい

相鉄・JR直通線が開業し、相鉄線の電車も見られるように

見られる電車

- 京浜急行線
- 横須賀線
- 東海道本線
・踊り子
- 湘南新宿ライン
- JR貨物

など

access

- 京急「花月総持寺駅」すぐ

POINT

「開かずの踏切」も人気のビュースポット

橋の下の踏切も人気のビューポイント。ひっきりなしに電車がくるだけに「開かずの踏切」と呼ばれている。踏切での見学は安全に注意しよう。

神奈川・横浜駅

月見橋

つきみばし

横浜駅きた東口Aを出てすぐ、高速道路の高架下にひっそりと架けられた小さな橋が月見橋だ。

橋の真横を線路が通り、京急線や東海道本線、横須賀線、京浜東北線など横浜を走る電車を間近に見ることができる。特に手前を走る京急線はすぐそばを通るので迫力満点。

朝夕は人通りが多いので、見学する場合は昼間がおすすめ。小さな橋ながら道幅は広いので広がらずに端によって見学するようにしよう。

西口側にある「はまレールウォーク」では反対からの眺めを楽しめる。

京急・JRの列車が目の前を出発

京急線のほか、多数のJR線が行き交う。特急「踊り子」の姿も

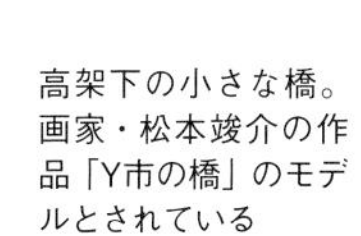

高架下の小さな橋。画家・松本竣介の作品「Y市の橋」のモデルとされている

見られる電車

- 京浜東北線
- 湘南新宿ライン
- 上野東京ライン
- 横須賀線
- 東海道本線
- ・踊り子
- 京急本線

など

access

- JR「横浜駅」きた東口Aより徒歩1分

POINT

真向いには「はまレールウォーク」

線路を挟んで真向いには、2020年に開通した「はまレールウォーク」がある。こちらも横浜駅の新たなトレインビュースポットとなっている。

COLUMN 1

鉄道ミュージアムに行こう

JR東日本や大手私鉄などの本社が集まる首都圏には、鉄道会社が運営する鉄道ミュージアムが多くある。たくさんの展示車両が見られるのはもちろん、大きなジオラマ展示や、運転士気分を味わえる鉄道シミュレーター等の体験プログラムなど、楽しみながら鉄道にふれあい学べる展示・施設が充実している。

大宮駅からニューシャトルで1駅の「鉄道博物館」は日本を代表する鉄道ミュージアムの一つ。日本で最初に走った機関車や、国鉄時代の車両、歴代の新幹線など日本の鉄道史を象徴するような車両がたくさん展示されている。

小田急線の海老名駅に直結する「ロマンスカーミュージアム」。歴代のロマンスカーを展示する博物館で、工作などが楽しめるキッズコーナーも充実。屋上からは小田急の車両基地、海老名検車区も一望できる。

2章

電車が見える車両基地

東京・大井競馬場前駅

大井車両基地

おおいしゃりょうきち

東京モノレールの大井競馬場前から徒歩15分ほどの位置にある大井車両基地は、JR東海の新幹線が集まる車両基地だ。

おすすめのビューポイントは車両基地の線路をまたぐようにかかる大井中央陸橋。大井競馬場前駅を出てすぐの運河を渡ってまっすぐ15分ほど歩くとたどり着く。橋にはフェンスが貼られているが、中腹ほどまで進むとフェンスが途切れている箇所があり、そこから基地に並ぶ新幹線の姿がよく見える。また、JR貨物の東京貨物ターミナル駅も隣接しており、たくさんのコンテナと、運が良ければ貨物列車の姿も見ることができる。

東海道新幹線の集まる車両基地

歩道は広めだが見学時は人通りに注意。もう少し進むとフェンスが途切れた開けた場所に出る

JR貨物のターミナルも隣接。時おり貨物列車が通り過ぎていく

見られる電車

- 東海道新幹線
- ドクターイエロー
- JR貨物

など

access

- 東京モノレール「大井競馬場前駅」より徒歩15分

POINT

ドクターイエローも見られるかも！

N700系新幹線のほか、タイミングがよければ保線車両の「ドクターイエロー」が停車していることもある。この日はフェンス越しに奥にドクターイエローの姿が見えた。

東京・田端駅

東京新幹線車両センター

とうきょうしんかんせんしゃりょうせんたー

JRの上中里駅と田端駅の間にある東京新幹線車両センターには、JR東日本の新幹線車両が集まる。

上中里〜田端間の車窓から色とりどりの新幹線が並ぶ姿がよく見えるが、実は地上から間近で眺められるスポットはあまりない。フェンス越しの遠望になってしまうが停車中の新幹線を見られるのが田端駅から徒歩10分ほどの田端運転所付近になる。運転所向かいの踏切のあたりから停車している新幹線や機関車が見える。また、基地の奥には東北・上越・北陸新幹線の高架があるので、走っている新幹線の姿も一緒に見ることができる。

ＪＲ東日本の多彩な新幹線がズラリ

田端運転所前の横断歩道付近がビューポイントになる

田端駅前の「ふれあい橋」には東北新幹線200系のパーツなどが展示されているので道中にチェックしよう

見られる電車

- 東北・山形・秋田新幹線
- 北陸・上越新幹線

access

- JR「田端駅」北口より徒歩10分

POINT

田端～上中里間の車窓が一番のビューポイント？

田端～上中里間の車窓からは車両基地に並ぶ新幹線が見られる。短い時間ではあるが、基地がよく見える絶好のビューポイントだ。

東京・尾久駅

尾久車両センター

おくしゃりょうせんたー

JR尾久駅に隣接し、東北方面へ向かう路線の回送列車などが停車するJR東日本の尾久車両センター。宇都宮線や高崎線、常磐線などの車両を見ることができる。

車両基地に停まる列車がよく見えるのは、なんといってもJR尾久駅のホーム。すぐそばが車両基地の留置線で、ホームからたくさんの車両が並ぶ姿を見ることができる。とはいえ、ホームはあくまで電車に乗降するための場所。運行の妨げにならないように見学時は細心の注意を払おう。

ホーム以外にも、線路沿いの道や跨線橋など駅周辺から電車を見ることができるので、お気に入りの場所を探してみよう。

駅から見えるＪＲ東日本の車両基地

尾久駅前の地下道にはかつて尾久車両基地に集まっていた懐かしの長距離列車のポスターが展示されている

尾久駅周辺の線路沿いからも停車中の車両を見ることができる。奥には「カシオペア」の姿が！

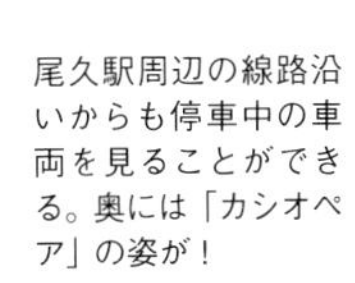

見られる電車

- 宇都宮線
- 高崎線
- ・草津・四万／あかぎ
- 上野東京ライン
- カシオペア
- など

access

- JR「尾久駅」構内

POINT

「上中里さわやか橋」からも遠望できる

尾久駅から徒歩 10 分ほどに位置する跨線橋「上中里さわやか橋」からは、車両センターを遠望できる。橋にはエレベーターも完備している。

東京・三鷹駅

三鷹車両センター

みたかしゃりょうせんたー

三鷹車両センターは、三鷹駅近くにある中央・総武線の車両が集まる車両基地だ。

三鷹駅から徒歩10分ほどの場所にある、車両センターと中央線をまたぐ三鷹跨線橋から基地に停まる車両を一望することができる。また、脇を走る中央線の電車も一緒に楽しめる。跨線橋は1929（昭和4）年に造られたもので、三鷹ゆかりの文豪・太宰治も好んで訪れていたという。解体・撤去が検討されており、ここからの眺めが見られるのは今だけかもしれない。

古い橋のためエレベーターやスロープはなく階段のみだが、全面にフェンスも巡らされており、落ち着いて見学できる。

太宰ゆかりの跨線橋から望む車両基地

歩行者のみが通る橋のため、道幅はあまり広くない。通行人に注意しながら見学しよう

跨線橋の脇の道からも停車中の電車や中央線が見える

見られる電車

●中央・総武線
●中央線
・あずさ／かいじ
●東京メトロ東西線
など

POINT

「あずさ」が停車していることも

橋からは、中央線を走る特急「あずさ」が見られるほか、まれに車両センターにも「あずさ」が停車していることも！　見られたらラッキーだ。

access

●JR「三鷹駅」南口より徒歩10分

東京・上野駅

上野検車区

うえのけんしゃく

上野検車区は、上野駅の入谷口から徒歩5分ほどの場所にある、東京メトロ銀座線の車両基地だ。

ここには日本で唯一の地下鉄線路の踏切があり、銀座線が車庫に入出庫するときにだけ踏切が開かれる。このときは地上を出入りする地下鉄を間近で見られる貴重な瞬間でもある。とはいえ、何時に電車がやってくるのかは分からないため、見られたらラッキーくらいの気持ちでいよう。踏切の向かい側では車庫に停まる銀座線を垣間見ることもできる。

JR線が一望できる両大師橋も近いので、少し足を延ばしてみるのもおすすめだ。

見られたらラッキーな踏切を渡る銀座線

入谷駅から徒歩5分ほど。ビルのはざまにひっそりと上野検車区はある

日本で唯一の地下鉄路線を遮る踏切。入出庫時以外は固く閉ざされている

見られる電車

●東京メトロ銀座線

access

●JR「上野駅」入谷口より徒歩5分

POINT

踏切の反対側には停車中の銀座線が

踏切と反対側の建屋をのぞくと、鉄柵の奥にずらりと並ぶ銀座線の車両を見ることができる。歩道から見ることになるので、通行人に注意しよう。

東京・荒川車庫前駅

荒川車両検修所

あらかわしゃりょうけんしゅうしょ

都電荒川線・荒川車庫前駅にある荒川電車営業所に併設する、都電荒川線の車両基地。

営業所の前の門が開かれており、車庫前に待機している車両を見ることができる。どんな車両が見られるかはその時次第。すぐ目の前が荒川車庫前駅のため、駅を発着する荒川線の様子も見られる。

隣には貴重な都電の旧型車両を展示する「都電おもいで広場」もあり、新旧の都電を堪能できる空間になっている。

都電荒川線沿線には、新幹線が見られる公園として人気の飛鳥山公園もあり、路面電車で電車スポットめぐりもおすすめだ。

かわいい都電が集まる車両基地

営業所前の門から停車中の車両を眺められる

目の前は都電荒川線の荒川車庫前駅。駅を発着する路面電車も見られる

見られる電車

●都電荒川線

access

●都電荒川線「荒川車庫前駅」すぐ

POINT

昔の車両を展示する「都電おもいで広場」も

隣接する「都電おもいで広場」は、昔の都電の停留所を再現した空間に旧型車両２両が展示されている。開場は土・日・祝のみなので注意。

東京・西馬込駅

馬込車両検修場

まごめしゃりょうけんしゅうじょう

都営地下鉄浅草線の車両があつまる馬込車両検修場。

都営浅草線・西馬込駅南口から国道1号沿いを5分ほど進んだ先にある跨線橋が、基地に停まる車両を一望できる絶好のビューポイントだ。橋上からは最新の5500形を中心とした電車が並ぶ様子のほか、検査用車両や洗車機なども見られる。

東京都交通局では、例年秋に馬込車両検修場または三田にある志村車両検修場で「都営フェスタ」を開催しており、車両基地の中に入れる貴重な機会となる。気になる方は都営交通のホームページなどをこまめにチェックしてみよう。

都営浅草線の車両が集結する

橋上は比較的広く、人道橋のため自動車が来ることもないので落ち着いて見学できる

橋上から車庫と反対側を見ると検査車両の姿も見えた

見られる電車

●都営浅草線

access

●都営地下鉄「西馬込駅」南口より徒歩5分

POINT

洗車の様子が見られることも？

橋を挟んで車庫の向かい側には洗車機も設置されている。タイミングがあえば洗車の様子が見られることもある。

東京・高幡不動駅

高幡不動検車区

たかはたふどうけんしゃく

京王線・高幡不動駅に隣接する高幡不動検車区は、京王電鉄の車両が集まる車両基地の一つ。

京王線の高幡不動駅の改札を出てすぐ左に延びる通路と、多摩モノレールの高幡不動駅前の通路からそれぞれ車両基地を眺めることができる。基地には京王ライナーをはじめ京王線のさまざまな電車が集結している。

どちらの通路も駅直結かつ、両方の通路は屋内デッキでつながっているため簡単に行き来が可能。通路によって見え方が異なるので、どちらも行ってみるのがおすすめだ。

駅の通路から見える京王線の基地

高幡不動駅側の通路からの眺め。右の車庫の中にも電車が見える

高幡不動駅に向かう多摩モノレール。駅付近ではモノレールも見られる

見られる電車

●京王線
●多摩モノレール

access

●京王・多摩モノレール「高幡不動駅」直結

POINT

駅直結の屋内通路でお手軽＆安心

ビュースポットは駅直結の通路のため行きやすい。屋内なので天気が悪い日でも安心だ。どちらの通路も大きな窓から車両基地の様子を見ることができる。

東京・南千住駅

隅田川駅

すみだがわえき

隅田川駅は、品川区にある東京貨物ターミナルと並ぶ都内にあるJR貨物のターミナル駅の一つ。

南千住駅と隣接しており、東京メトロ日比谷線の南千住駅直結の歩道橋から隅田川駅を行き来する貨物列車を見下ろせる。

歩道橋は広く、貨物列車を見に来ている親子連れも多いので安心して見学しやすい。歩道橋脇の道からも目の前を走る貨物列車を見ることができる。

多彩な貨物列車が途切れることなく訪れ、電車との距離も近いので、貨物列車好きのお子さんにはぜひおすすめしたいスポットだ。

南千住駅隣の貨物列車ターミナル

広々とした歩道橋がビューポイント。日比谷線の南千住駅から直結している

歩道橋を降りた先にある線路沿いの道からも往来する貨物列車が見られる

見られる電車

●JR貨物
●東京メトロ日比谷線
など

POINT

真横を見れば日比谷線の姿も

歩道橋から南千住駅側を見ると、高架を走る日比谷線の姿も見ることができる。こちらも距離が近く臨場感たっぷり。

access

●東京メトロ「南千住駅」南口すぐ

千葉・幕張本郷駅

幕張車両センター

まくはりしゃりょうせんたー

幕張本郷駅そばにある幕張車両センターには、総武本線や内房線、外房線など千葉県を走るJR線の車両たちが集まる。

まずは駅を出てすぐの跨線橋から停車車両を一望しよう。特急「しおさい」や内房線・外房線を走る209系など千葉県らしい車両が並んでいる。脇には総武本線や京成線が走っており、成田エクスプレスなどの特急が見られることも。

駅から幕張方向に10分ほど進んだ先にある西の谷跨線橋もビューポイント。こちらの方がフェンスが低く見やすいので、余裕があれば足を延ばしてみるのもおすすめ。

千葉を代表するＪＲ車両が集まる

幕張本郷駅前の跨線橋。車道に面し通行人もいるので見学するときは気をつけよう

線路脇からも停車中の車両が見える。駅周辺は植え込みや建物が多いので少し離れたところがおすすめ

見られる電車

●総武本線
・成田エクスプレス
・しおさい
●総武線
●京成千葉線
など

access

●JR「幕張本郷駅」すぐ

POINT

駅の先の跨線橋もビューポイント

駅から線路沿いを幕張方面に10分ほど進んだ先にある西の谷跨線橋。駅前とはまた違った停車車両が見えるので、こちらもおすすめのポイントだ。

千葉●妙典駅

深川検車区行徳分室

ふかがわけんしゃくぎょうとくぶんしつ

東京メトロの深川検車区行徳分室は、東京メトロ東西線の妙典駅近くにある、千葉県で唯一の東京メトロの車両基地だ。

車両基地へは妙典駅から徒歩15分ほど。江戸川沿いに検車区への線路が敷かれており、線路沿いに進んでいくと検車区にたどり着く。基地周辺では停車中の東西線車両を見ることができる。また、道中はフェンス越しに線路が見える場所も多く、回送列車の姿が見られることも。

駅からは少し離れるが、2019（平成31）年に開通した妙典橋の上からは、俯瞰で基地を眺めることもできるのでこちらもおすすめ。

回送列車を追いかけて東西線の基地へ

基地へ向かう道中にも、基地を出入庫する回送列車の姿が見られる

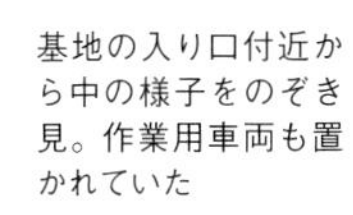

基地の入り口付近から中の様子をのぞき見。作業用車両も置かれていた

見られる電車

●東京メトロ東西線

access

●東京メトロ「妙典駅」より徒歩15分

POINT

妙典公園も東西線のビューポイント

東西線の線路沿いにある妙典公園は、江戸川を越える東西線車両がよく見えるビューポイント。基地への線路との分岐も見られる。

千葉・北初富駅

くぬぎ山車両基地

くぬぎやましゃりょうきち

新京成電鉄の本社があるくぬぎ山駅の近くには、新京成電鉄の車両が集まるくぬぎ山車両基地がある。

車両基地へはくぬぎ山駅から徒歩10分ほどだが、車両がよく見えるビューポイントへは隣駅の北初富駅からのほうが近い。北初富駅から徒歩15分ほどで車両基地の東端にたどり着く。ここからは留置線に並ぶ車両がよく見える。ただし、住宅街の中の狭い道を通り、車通りも多いので見学の際には注意が必要だ。

そのまま車両基地の前を通ってくぬぎ山駅方面へ向かうのがおすすめ。建屋内で検査中の車両などを垣間見ることができる。

ピンクの電車があつまる新京成線の基地

車両基地への道中も車両基地周辺も道が狭く車も通るので気を付けて見学しよう

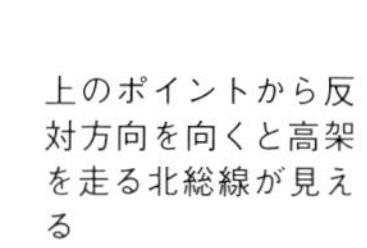

上のポイントから反対方向を向くと高架を走る北総線が見える

見られる電車

●新京成線

●北総線

など

access

●新京成「北初富駅」より徒歩15分

POINT

車庫内の電車もチラリ

ビューポイントからくぬぎ山駅へ向かう道中では、回送電車の入出庫や、建屋内で検査中の車両の様子などが垣間見える。

埼玉・小手指駅

小手指車両基地

こてさししゃりょうきち

西武池袋線・小手指駅の近くには、西武線最大規模の車両基地、小手指車両基地がある。

駅近くの小手指陸橋から車両基地が一望できるが、距離があるため車両は小さくしか見えない。間近で見たい場合は少し距離があるが基地の端まで歩くのがおすすめだ。南口を出て線路沿いに池袋線と基地に停まる車両を見ながら目指すといい。「Laview（ラビュー）」やライオンズラッピング列車など見られる列車はバラエティに富んでいる。基地の端までは駅から徒歩20分ほど。歩道のフェンス越しに正面から電車を見ることができる。

バラエティ豊かな西武線の車両基地

小手指駅から線路沿いを歩いていくと、基地に停まるさまざまな列車が見えてくる。線路沿いの道は車も通るので注意

基地の端の歩道から。この日は40000系の洗車が行われていた

見られる電車

●西武池袋線
・Laview（ラビュー）
など

access

●西武「小手指駅」より徒歩20分

POINT

池袋線も間近で見られる

南口から線路沿いを歩いていくと、すぐ脇を池袋線が駆け抜けていく。タイミングが合えば「Laview（ラビュー）」などの特急も見られる。

神奈川・元住吉駅

元住吉検車区

もとすみよしけんしゃく

東急東横線の元住吉駅には、東急の車両基地・元住吉検車区が隣接している。

駅構内から車両基地が見下ろせるほか、駅から10分ほど歩くと停車車両を正面から見れるビューポイントに行ける。

こちらのビューポイントは歩道のため、見学のさいは通行人の迷惑にならないよう気をつけよう。車両基地の端にあたり、フェンス越しに色や形式もさまざまな車両がずらりと並ぶ様子を見ることができる。

元住吉駅には改札正面に駅を発着する電車を俯瞰できる展望デッキもあり、東急線をウォッチングするならまず行きたいスポットだ。

カラフルな東急車両を一望

駅から線路沿いに10分ほど歩いた先にあるビューポイント。歩道なので見学には注意を

フェンス越しにズラリと並ぶ東急車両を見ることができる

見られる電車

- ●東急東横線
- ●東急目黒線

など

access

●東急「元住吉駅」より徒歩10分

POINT

道中にも基地の様子が垣間見える

車両基地の周りは建物や塀などに遮られて車両をじっくり見られる場所は少ないが、それでも線路沿いを歩いていくとところどころに車両がのぞけるポイントがある。

神奈川 • 新川崎駅

新鶴見機関区

しんつるみきかんく

JR新川崎駅のそばには、JR貨物の車両基地・新鶴見機関区があり、多くの機関車が停まっている。

新川崎駅からはこの機関区をまたぐペデストリアンデッキが延びており、デッキの両サイドはガラス張りのため、さまざまな貨物列車が停まる機関区の様子をのぞくことができる。

また、駅前にはデッキと並行して跨線橋が架かっており、こちらからも機関区を見下ろせるほか、並走する相鉄・JR直通線なども見られる。ただし、デッキよりも道幅が狭く車道にも面しているので見学時には周囲に気をつけよう。

たくさんの貨物列車が見られる

駅周辺からも機関車の姿を見られる。ただし、線路沿いに歩道はないため道路越しに見学することになる

新川崎駅直結のデッキ。道幅は広く、ガラス張りなので景色も見やすい

見られる電車

- JR貨物
- 横須賀線
- 湘南新宿ライン
- 相鉄・JR直通線

など

POINT

橋の名前と駅名が違うので注意！

駅前の跨線橋は「鹿島田跨線橋」という名前だが、最寄り駅は新川崎であり、鹿島田駅までは歩いて６分ほどかかる。地図アプリなどで調べる際は注意しよう。

access

- JR「新川崎駅」すぐ

COLUMN 2

車両基地見学に行こう

一般公開されていることがほとんどない車両基地だが、年に一度ほど、鉄道ファンや地域住民に向けた交流イベントとして見学会を開いている鉄道会社も多い。コロナ禍以降、こうしたイベントは事前予約・抽選による定員制になっているところも多いので気になる会社の情報はこまめにチェックしよう。

東武鉄道では埼玉県久喜市にある南栗橋車両管区で毎年ファンフェスタを開催している。さまざまな車両が見られるほか、工場内のお仕事見学や制服体験などのイベントも充実。2022年には最新車両「スペーシアX」の座席展示も行われた。

銚子電鉄の仲ノ町駅に隣接する仲ノ町車庫は、随時見学できる貴重な車両基地。小さな電気機関車のデキ3をはじめ、銚子電鉄のさまざまな車両を見ることができる。たまに見学を中止しているときもあるので訪問のさいは事前に確認しよう。

3章

電車が見える公園・河川敷

東京・王子駅

飛鳥山公園

あすかやまこうえん

王子駅・都電飛鳥山駅すぐそばにある飛鳥山公園は、トレインビュースポットあり、保存車両あり、モノレールありと、電車をさまざまに堪能できる電車好きの子どもに人気のスポット。春は花見客でにぎわう桜の名所でもある。

遊具やSL展示などがあるメインの広場の一角に展望ひろばが設けられており、京浜東北線や高崎線、湘南新宿ライン、そして東北・上越・北陸新幹線など多彩な電車をみることができる。ここ以外にも、公園の線路に面している側ではさまざまなところから電車が見えるのでお気に入りのポイントを見つけてみよう。

電車を堪能できる人気スポット

広場の一角に設けられた展望ひろば。新幹線が行き交う様子がよく見える

公園入口と山頂を結ぶモノレール「あすかパークレール」。無料で乗車することができる

見られる電車

- 東北・山形・秋田新幹線
- 北陸・上越新幹線
- 京浜東北線
- 湘南新宿ライン
- 都電荒川線

など

POINT

園内のさまざまなところから電車が見える

展望ひろば以外にも、園内のあちこちから電車を見ることができる。王寺駅南口に直結する跨線橋付近も電車が近くに見えておすすめだ。

access

- JR「王子駅」南口・中央口より徒歩1分
- 東京メトロ「王子駅」1番出口より徒歩3分
- 都電荒川線「飛鳥山駅」「王寺駅前駅」より徒歩1分

東京・田端駅

田端台公園

たばただいこうえん

田端駅と西日暮里駅の中間に位置する田端台公園は、JRの線路に面した高台にあり、園内からは東北・上越・北陸新幹線を望める。

京浜東北線などの在来線もそばを走っているが、こちらは道路の下に隠れて音は聞こえても姿はあまり見えない。

公園は閑静な住宅街にあり、園内にはブランコなどの遊具や、多目的トイレも備えている。

アクセスは田端駅南口から徒歩5分、西日暮里駅からは徒歩10分ほど。どちらの駅からも近いが、西日暮里駅からは上り坂になる。

高台から新幹線を見晴らす

園内は広々としており、機関車型の遊具などが置かれている

園内のベンチは線路に面して設置されており、ここから新幹線がよく見える

見られる電車

- 東北・山形・秋田新幹線
- 北陸・上越新幹線

access

- JR「田端駅」南口より徒歩5分
- JR・東京メトロ「西日暮里駅」より徒歩10分

POINT

在来線の音は聞こえるけど見えない

高架を走る新幹線はよく見えるが、手前の低いところを走る在来線はちょうど道路に隠れてしまって、音はすれども姿は見えない。

東京・田町駅

本芝公園

ほんしばこうえん

田町駅または都営地下鉄三田駅から徒歩5分ほどの位置にある線路沿いの公園。

山手線や京浜東北線、東海道線、東海道新幹線などの線路に面し、奥には東京モノレールが走っている。

続々と電車がやってきて、「踊り子」や「ひたち」などの特急も目の前を駆け抜けていく。公園は線路に沿って横に長く延びており園内のどこからでも電車を見ることができる。

一帯はかつて海岸だったそうで、広い砂場に浮かぶ船型の遊具がシンボルとなっている。夏場には噴水での水遊びも開放される。

新幹線やモノレールが見える公園

JR在来線、東京モノレールのほか、東海道新幹線も見ることができる

田町駅の芝浦口から向かう場合は新幹線の線路下をくぐっていく

見られる電車

- 東海道新幹線
- 山手線
- 京浜東北線
- 東京モノレール

など

access

- JR「田町駅」より徒歩5分
- 都営地下鉄「三田駅」より徒歩5分

POINT

新幹線の線路脇を通って公園へ

田町駅から行く場合、三田口・芝浦口どちらからでも徒歩５分ほどだが、新幹線の線路脇を通って回り込む芝浦口がおすすめ。真横を通る新幹線を見られる。

東京・天王洲アイル駅

港南緑水公園

こうなんりょくすいこうえん

東京モノレールの天王洲アイル駅から徒歩10分ほどの、京浜運河沿いにある港南緑水公園。

公園のすぐそばを東京モノレールが走り、芝生の広場からモノレールがよく見える。公園の入り口付近では頭上を通るモノレールを見上げることができ迫力抜群。

また、運河側にはデッキが広がっており、ここからは大井車両基地に回送する東海道新幹線を見ることができる。

園内には噴水や遊具、テーブル付きのベンチなどがあり、多目的トイレも備えられている。ゆったりと電車鑑賞を楽しめる都会のオアシス的空間だ。

モノレールが迎えてくれる公園

運河側はデッキになっており、東海道新幹線の回送列車が見られる

芝生の広場に遊具も
設置されている

見られる電車

- 東海道新幹線
- 東京モノレール

access

- 東京モノレール・りんかい線「天王洲アイル駅」より徒歩10分

POINT

モノレールの真下は大迫力！

公園には東京モノレールの高架をくぐって入る。線路の真下から、頭上を行き交うモノレールの車両を見ることができる。

東京・下神明駅

しながわ中央公園

しながわちゅうおうこうえん

東急大井町線の下神明駅そばにある新幹線が見える公園。

整備された大きな公園で、テニスコートやグラウンドなどのスポーツ施設も備えるが、新幹線が見えるのは駅すぐそばの広場になる。

きれいな芝生の広場で、のびのびと新幹線ウォッチを楽しめる。広場の下には遊具が設置されており、こちらからは湘南新宿ラインや横須賀線もよく見える。

大井町駅からも徒歩10分ほどなので、あわせてJR近辺のトレインビュースポット巡りをするのもおすすめだ。

のびのびと新幹線ウォッチングを楽しめる

きれいな芝生の広場から新幹線を望むことができる

広場の奥はデッキのようになっている

見られる電車

- 東海道新幹線
- 横須賀線
- 湘南新宿ライン

など

access

- 東急「下神明駅」より徒歩1分

POINT

裏口？は在来線のビュースポット

遊具のあるエリアから線路脇の道に出ることができる。ここからは湘南新宿ラインが間近に見える。

東京・汐留駅

イタリア公園

いたりあこうえん

ゆりかもめ・都営大江戸線の汐留駅から徒歩5分ほどに位置するイタリア公園。ビル街に囲まれたイタリア式の庭園で、噴水やイタリア製の彫像などが飾られ、異国を思わせる空間が広がっている。

中央の広場にはローマの神殿のような柱が並んでおり、その奥を東海道新幹線や山手線などの電車が駆け抜けていく。また、上を見上げれば高架を走るゆりかもめの姿も見える。

古きよきイタリア風の庭園に、現代的なビルと新幹線にゆりかもめ。奇妙な、だけど意外とマッチするここだけの風景が見られるスポットだ。

イタリア風の庭園が新幹線とマッチ

柱の間からは新幹線だけでなく、山手線や京浜東北線などの電車も見える

イタリア風の植栽や彫像などが置かれ、異国情緒を感じさせる園内

見られる電車

- ●東海道新幹線
- ●東海道本線
- ・踊り子
- ●山手線
- ●京浜東北線
- ●ゆりかもめ
- など

access

●都営地下鉄・ゆりかもめ「汐留駅」より徒歩5分

POINT

見上げれば ゆりかもめの姿も

公園からはビル街を縫うように走るゆりかもめがよく見える。近未来的なゆりかもめとイタリア風の庭園が不思議な風景を織りなす。

東京・豊洲駅

豊洲公園

とよすこうえん

豊洲駅から徒歩5分ほど。水辺に面し、ベイエリアの風景を楽しめる豊洲公園。

公園の前にはゆりかもめが走っており、遊具やじゃぶじゃぶ池があるエリアからよく見える。

公園に隣接する東京ガスの展示施設「がすてなーに」の屋上ひろばからはより近くでゆりかもめを見ることができるのでこちらもおすすめだ。

近隣には豊洲公園以外の公園も点在し、大型商業施設のららぽーと豊洲もある。電車もショッピングやレジャーも楽しめるスポットだ。

ベイエリアの空を駆けるゆりかもめ

休日は親子連れでにぎわう豊洲公園。遊具のあるエリアからゆりかもめが見える

公園は湾に面し、ベイエリアの風景が広がる

見られる電車

●ゆりかもめ

access

●東京メトロ・ゆりかもめ「豊洲駅」より徒歩5分

POINT

「がすてなーに」の屋上もおすすめ

ガス・エネルギーなどの仕組みを学べる東京ガスの展示施設「がすてなーに　ガスの科学館」。公園に隣接し、屋上ひろばからはゆりかもめを間近に見られる。入場無料。

東京・浅草駅

隅田公園

すみだこうえん

隅田川の両岸に広がる隅田公園。浅草駅に近い台東区側のエリアからは隅田川を渡る東武伊勢崎線（スカイツリーライン）がよく見える。隅田川を渡る橋梁ではスピードを落として運行されるため、スペーシアやりょうもうなどの特急もじっくり見ることができる。

川の対岸には東京スカイツリーがそびえており、橋を渡る列車とスカイツリーを一望できるのもポイント。

橋梁に沿って架けられた歩道橋「すみだリバーウォーク」からは臨場感あふれる眺めが楽しめるので、こちらもあわせて渡りたい。

スカイツリーと電車の競演

園内には遊具がある広場も。ここからは残念ながら電車はあまり見えない

電車が渡る橋梁そばには案内所が。トイレなどもこちらにある

見られる電車

●東武伊勢崎線
・けごん／きぬ
・りょうもう
など

access

●東武・東京メトロ「浅草駅」より徒歩3分

POINT

特急もゆっくり眺められる

特急電車も橋の上では速度を落としてゆっくりと渡るため、スペーシアやリバティなどもゆっくりと眺められ、写真も撮りやすい。

東京・牛田駅

千住東町公園

せんじゅあずまちょうこうえん

東武伊勢崎線の牛田駅から踏切を越えてすぐの場所にある千住東町公園。京成線の京成関屋駅からも徒歩5分ほどの距離だ。

目の前が伊勢崎線の線路で、すぐそばを東武鉄道の電車が駆け抜けていく。スペーシアやりょうもうなどの特急車両も間近で見ることができる。

公園のシンボルとなっているのが、タコ型の大きな滑り台。足立区は“タコの滑り台”発祥の地ともいわれており（諸説あり）、区内にはタコ型遊具が置かれた公園が多く存在している。千住東町公園もその一つで、電車と“タコ”の競演が見られる珍しいスポットだ。

電車の見える〝タコさん公園〟

牛田駅から徒歩3分ほど。線路裏にひっそりと広がる公園

園内には遊具やトイレなども備えている

見られる電車

●東武伊勢崎線
・けごん／きぬ
・りょうもう

●京成本線
など

access

●東武「牛田駅」より徒歩3分
●京成「京成関屋駅」より徒歩5分

POINT

奥には京成線の姿も

東武伊勢崎線の奥には、京成本線も走っている。少し高いところを走っているため園内からもその姿を見ることができる。

東京・北千住駅

荒川橋梁（東京メトロ千代田線・常磐線・つくばエクスプレス）

あらかわきょうりょう（とうきょうめとろちよだせん・じょうばんせん・つくばえくすぷれす）

荒川橋梁と名の付く鉄道橋はいくつもあるが、こちらは東京メトロ千代田線・JR常磐線・つくばエクスプレスの3線の橋が並ぶ。北千住駅から徒歩15分ほどの荒川河川敷にあるスポットだ。

3つの鉄道橋がピッタリと隣り合って並ぶ姿は圧巻。川沿いの堤の上からは間近で車両を見ることができ、橋の上で次々とすれ違う列車の様子は迫力満点だ。

河川敷からも電車がよく見え、橋をくぐり抜けた先には東武伊勢崎線の荒川橋梁も架かっており、両方の橋の間からは４線の川越えを一気に楽しめる。

3路線が連なる鉄道橋

電車の全景が見える河川敷からの眺めもいい

すぐそばを走る東武伊勢崎線。こちらも荒川橋梁だ

見られる電車

- ●常磐線
- ・ひたち／ときわ
- ●東京メトロ千代田線
- ●つくばエクスプレス
- ●東武伊勢崎線
- など

access

●JR・東京メトロ・東武・つくばエクスプレス「北千住駅」より徒歩15分

POINT

間近で見られる分、安全に注意！

堤の上の橋の入り口からは間近で電車を眺められる。距離が近いので安全と運行の妨げにならないよう配慮しよう。

東京・雑色駅

西六郷公園

にしろくごうこうえん

京急本線の雑色駅からアーケード街を抜け、JRの線路沿いを進んだ先にある西六郷公園。

“タイヤ公園”の愛称もあるユニークなタイヤの遊具が人気の公園で、休日は多くの家族連れでにぎわっている。

公園の目の前を京浜東北線や東海道本線などのJR線が走り、園内から行き交う電車がよく見える。公園そばには電車が見える跨線橋もある。

雑色駅からは歩いて10分ほどだが、蒲田駅からも線路沿いの道をまっすぐ進んで徒歩15分ほどでたどり着く。

タイヤの遊具が人気のトレインビュー公園

怪獣を模したタイヤのオブジェをはじめ、タイヤを用いたユニークな遊具が楽しい

公園そばの跨線橋もトレインビュースポット

見られる電車

●京浜東北線

●東海道本線
・踊り子
など

access

●京急「雑色駅」より徒歩10分

POINT

電車鑑賞は公園の中から！

休日は公園前の道路の人通りが多く、車が来ることもあるため、電車鑑賞はなるべく公園の中から楽しみたい。

東京・沼部駅

多摩川丸子橋緑地

たまがわまるこばしりょくち

東急多摩川線の沼部駅からほど近い、多摩川の河川敷に整備された多摩川丸子橋緑地。

JRと東急線の橋梁の間に位置し、東海道新幹線や横須賀線、東急東横線などの電車を見ることができる。

JR側の橋梁で新幹線を堪能し、反対側の丸子橋方面へ向かって東急線を鑑賞。そのまま歩いて東急多摩川駅へ向かうのもおすすめだ。

遊具などは多くないが、広々とした河川敷で、のんびりと電車ウォッチングを楽しめる。

新幹線が見られる河川敷

川辺に近づくと新幹線がよく見えるが、柵などはないので落ちないように要注意

手前の青い橋が丸子橋。その奥に東急線の橋梁が見える

見られる電車

- 東海道新幹線
- 横須賀線
- 湘南新宿ライン
- 東急東横線
- 東急目黒線

など

access

- 東急「沼部駅」より徒歩3分

POINT

相鉄線の車両も見られる

2023年3月に東急・相鉄直通線が開業。東急の橋梁を走る相鉄線の車両の姿も早速発見できた。

千葉・西船橋駅

西船近隣公園

にしふなきんりんこうえん

西船橋駅から船橋駅方面へ総武線の線路沿いを10分ほど歩くと、線路前に広がる西船近隣公園がある。

公園のすぐそばが線路で、総武線や東葉高速鉄道の電車を見ることができ、特急「成田エクスプレス」も目の前を駆け抜けていく。

線路に沿うような細長い公園で、園内のどこからでも電車がよく見える。

園内には遊具や広場、トイレを備え、無料駐車場もあるので車でのアクセスも可能。テーブル付きのベンチもあり、総武線ウォッチングに最適な公園だ。

総武線に沿うように延びる公園

線路に沿って延びる園内は、どこからでも電車を見ることができる

線路前には金網や植栽があるので安心して見られる

見られる電車

●総武本線
・成田エクスプレス
●総武線
●東葉高速線
など

access

●JR「西船橋駅」より徒歩10分

POINT

線路向きのベンチで優雅に電車鑑賞

線路に面した向きにテーブル付きのベンチが置かれており、座りながらのんびりと電車ウォッチングもできる。

埼玉・土呂駅

神明北公園

しんめいきたこうえん

JR宇都宮線の土呂駅から線路沿いを10分ほど歩いた先にある、神明北公園。

住宅街にあるこじんまりとした公園だが、JRの線路が目の前を通る鉄道ビュースポットだ。

宇都宮線などの電車が行き交うほか、JRの東大宮総車場が近くにあり、操車場へ向かう特急の回送列車が見られることもある。特急車両が集まる東大宮操車場へは徒歩10分ほどなので、少し足を延ばしてみるのもおすすめだ。

園内は電車の見える遊具が置かれた広場と、木の茂るエリアに分かれており、トイレなどは設置されていない。

住宅街にたたずむ絶好のビューポイント

土呂駅から線路沿いの道を歩いて公園を目指す

遊具のある広場と、木が茂る上段のエリアに分かれている

見られる電車

- 上野東京ライン
- 湘南新宿ライン
- 宇都宮線

など

access

- JR「土呂駅」西口より徒歩10分

POINT

線路に面して設置された遊具たち

遊具は線路寄りに固まっており、遊びながら電車を眺めることができる。電車が見やすい位置にベンチも置かれている。

神奈川・神奈川新町駅

浦島公園

うらしまこうえん

京急の神奈川新町駅に併設する車両基地・新町検車区。浦島公園はこの新町検車区のそばにあり、公園からは検車区に停まる電車と神奈川新町駅を発着する電車が見られる。

また、公園の裏手にはJRの線路があり、横須賀線や東海道本線、京浜東北線など多くのJR線が行き交う様子を眺めることができる。

公園は神奈川新町駅西口から踏切を渡ってすぐのところにあるが、この踏切からは検車区に停まる車両を一望することができ、こちらも必見だ。

京急の基地に停まる電車が見られる

砂地の広々とした公園。ブランコやすべり台などの遊具もある

検車区とは反対側の公園の裏手の道からはJR線が見える

見られる電車

- 京急本線
- 横須賀線
- 横浜線
- 東海道本線
- 湘南新宿ライン
- 京浜東北線

など

access

- 京急「神奈川新町駅」西口より徒歩3分

POINT

公園そばの踏切には検車区の車両がずらり

公園と駅の間の踏切からは検車区に停まる車両を一望。踏切内かつ車通りもあるので注意しながら見学しよう。踏切の隣では保線車両などが停まっているのも見られる。

神奈川・平間駅

新川崎ふれあい公園

しんかわさきふれあいこうえん

JR南武線の平間駅から徒歩10分ほど、貨物列車や横須賀線などが通る線路沿いにある新川崎ふれあい公園。

公園のすぐ脇を線路が走り、貨物列車も見られるトレインビュースポットとして人気の公園だ。

フェンス越しに目の前を電車が通り、普通列車から特急、貨物列車と見られる電車も多彩。園内には機関車を模した複合型遊具も置かれている。

新鶴見機関区がある新川崎駅へも徒歩15分ほどなので、機関車をたくさん見たい場合は、そちらまで足を延ばすのもおすすめだ。

貨物列車も特急も目の前を通る

相鉄・JR直通線の開業で相鉄線の車両も見られるようになった。写真は平間駅から公園に向かう途中の跨線橋より

公園は線路に面して延びている。機関車型の遊具もある

見られる電車

- 横須賀線
- 湘南新宿ライン
- 相鉄・JR直通線
- JR貨物

など

access

- JR「平間駅」より徒歩10分

POINT

間近を走り臨場感たっぷり

フェンスのすぐ奥が線路で、目の前を電車が通過し臨場感たっぷり。貨物列車なども間近でみることができる。

神奈川・新高島駅

高島水際線公園

たかしますいさいせんこうえん

公園の中を貨物線が縦断する高島水際線公園。最寄りの新高島駅からは徒歩10分ほど、横浜駅からも15分程度と徒歩圏内にある。

園内はJR貨物の線路を境に東側エリアと西側エリアに分かれており、両エリアを結ぶ跨線橋から貨物列車を見下ろすことができる。跨線橋にはエレベーターも設置されている。

周囲にはアンパンマンミュージアムや京急ミュージアム、原鉄道模型博物館などもあり、周辺観光のついでに立ち寄ってみるのもいいかもしれない。

貨物列車が縦断する水辺の公園

帷子川沿いに広がる水際線公園。園内にはトイレや水生生物を観察できる池などもある

貨物線をまたぐ跨線橋。橋の欄干にはガラスが貼られ、貨物列車を見下ろせる

見られる電車

●JR貨物

access

●みなとみらい線「新高島駅」より徒歩10分

POINT

デッキの整備中のためアクセス注意

公園の周囲では歩行者デッキ整備のための工事が行われており、一部通行止めになっているので、特に横浜側からくる場合は注意したい。

神奈川・相模大野駅

林間公園

りんかんこうえん

小田急の相模大野駅から徒歩15分ほどに位置する林間公園は、目の前を小田急小田原線の電車が駆ける、トレインビュー公園だ。

さまざまな小田急の車両が行き交うが、なんといっても注目はロマンスカー。公園前の道に出ると、間近にその姿を見ることができる。通行量の多い道ではないが車が通ることもあるので見学は十分注意しよう。

小田急では、ロマンスカーの時刻表と車両が分かるアプリを配信している。絶対にロマンスカーを見逃したくない場合は、いつ、どのロマンスカーが来るのか、チェックしてみるといいだろう。

ロマンスカーが目の前を駆け抜ける

公園から見る小田急線。道を挟んで向かいが小田急小田原線の線路になっている

「林間公園」というだけあって、公園は木が多い。ベンチやささやかな遊具も置かれている

見られる電車

●小田急小田原線
・ロマンスカー

access

●小田急「相模大野駅」北口より徒歩15分

POINT

すぐそばには小田急の車両基地も

公園のすぐそばには小田急の大野総合車両所がある。駅から公園へ向かう途中でも車両所の様子を垣間見ることができる。

神奈川・久里浜駅

久里浜でんしゃ公園

くりはまでんしゃこうえん

2022年5月にJR久里浜駅のすぐそばにオープンした久里浜でんしゃ公園。

“でんしゃ公園”の名の通り、久里浜駅のホームと横須賀線の線路が目の前にあり、駅を発着する横須賀線の電車を間近に見ることができる、新しいトレインビュースポットだ。

オープンしたてのきれいな公園で、電車型のベンチや駅名標風の看板など、園内の設備も鉄道をモチーフにしたものが多い。トイレや駐車場も備えている。

京急久里浜駅からは徒歩3分ほどで、公園内からも京急線の列車が垣間見える。

駅も線路も目の前の公園

JR久里浜駅を出て左の小道を進むとすぐに公園が見えてくる

フェンス越しに久里浜駅のホームと線路がある。停車中の電車もじっくり見られる

見られる電車

- 横須賀線
- 京急久里浜線

access

- JR「久里浜駅」より徒歩1分
- 京急「京急久里浜駅」西口より徒歩3分

POINT

遊具や看板も電車モチーフでかわいい

“でんしゃ公園”の名前からか、園内の遊具や看板なども鉄道や電車をモチーフにしたものになっている。電車好きのお子さんが楽しめる新しいスポットだ。

COLUMN 3

電車に会えるスポット

線路や車両基地など“現役”の電車が見えるスポットだけでなく、過去に活躍した電車に触れ合えるスポットもある。街中の公園やお店など、思いがけないところに古い電車や機関車などの保存車両が置かれていることも。気軽に中に入れるところも多いので、見て、触って、乗って、電車を堪能しよう。

小田急小田原線の開成駅前にある「開成駅前第2公園」には、2000年まで活躍していた「ロマンスカーNSE」の車両が展示されている。毎月第2、第4日曜日には内部も公開され、中に入ることができる。

横浜市にある野毛山動物園内には、かつて横浜市内を走っていた横浜市電の車両が展示されている。車内も見学可能で、運転席に座ることもできる。動物園とあわせてぜひ楽しみたいスポットだ。

4章

電車が見える施設・駅

東京・王子駅

北とぴあ

ほくとぴあ

新幹線が見下ろせる展望スポットとして人気の北とぴあ。王寺駅前にある北区の文化施設で、17階の展望ロビーは無料開放されている。

眼下にJRの線路が延びており、京浜東北線や宇都宮線のほか、「かがやき」や「はやぶさ」「こまち」などJR東日本の新幹線が次々と行き交う。春には、線路横に広がる飛鳥山公園の桜とのコラボレーションも美しい。望遠鏡もあるので、電車をアップで見ることもできる。

王寺駅周辺にはこちらもトレインビュースポットとして人気の飛鳥山公園もあるので、ぜひ合わせて訪れたい。

新幹線を見下ろせる展望台

王寺駅そばにある北とぴあのビル。東京メトロの駅とは直結している

「はやぶさ」をはじめとした東北・北陸・上越新幹線が眼下を走る

見られる電車

- 東北・山形・秋田新幹線
- 北陸・上越新幹線
- 京浜東北線
- 上野東京ライン
- 湘南新宿ライン
- 高崎線
- ・草津・四万／あかぎ
- 宇都宮線
- 都電荒川線

など

access

- JR「王子駅」北口より徒歩3分
- 東京メトロ「王子駅」5番出口直結

POINT

地上80mから線路を一望

新幹線を見下ろす絶好の位置にある展望室。線路から左の方に目を向けると東京スカイツリーも見える。

東京・有楽町駅

東京交通会館

とうきょうこうつうかいかん

有楽町駅の京橋口を出てすぐ目の前にある東京交通会館。地方のアンテナショップや書店、飲食店などが入る複合施設だ。

交通会館の3階には屋上庭園があり、ここから有楽町駅前を走る新幹線を見ることができる。

高架との高さが近いため真横から新幹線を見ることができ、東京駅がすぐそばなのでスピードも抑えられていて写真撮影もしやすい。

新幹線の奥には山手線や京浜東北線などの在来線も走っているが、こちらは新幹線の高架に隠れてあまり見えない。新幹線を見るためのビュースポットだ。

新幹線が目の前を駆け抜ける

交通会館3階にある屋上庭園。ベンチや日よけなども置かれている

向かいの有楽町駅のホームからも新幹線がよく見える

見られる電車

●東海道新幹線
など

access

●JR「有楽町駅」京橋口すぐ

POINT

柵の周りの植え込みに注意

柵の周りには植え込みが多く、小さい子の背丈だと新幹線が隠れてしまう場合も。あえて柵から離れるか、抱っこをしてあげると見やすい。

東京・東京駅

KITTE丸の内「KITTEガーデン」

きってまるのうち「きってがーでん」

東京駅丸の内南口を出てすぐのところにある商業ビル「KITTE」。

6階にある「KITTEガーデン」からは東京駅を発着する電車が一望できる。奥にはホームに停まる東海道新幹線、東北・上越・北陸新幹線が見え、手前にはJRの在来線が走り、時おり、「踊り子」などの特急列車もやってくる。

また、デッキは東京駅丸の内側の広場にも面しており、赤レンガの丸の内駅舎と駅前の広場を見下ろせる

2つの新幹線を一気に見渡せる、大ターミナル東京駅ならではの風景が楽しめるスポットだ。

東京駅を一望できる屋上庭園

KITTEの6階から屋外ガーデンに出られる

ガーデンからは丸の内のビル群や東京駅の丸の内駅舎も見晴らせる

見られる電車

- 東海道新幹線
- 東北・山形・秋田新幹線
- 北陸・上越新幹線
- 山手線
- 京浜東北線
- 東海道本線

・踊り子
など

access

- JR「東京駅」丸の内南口より徒歩1分

POINT

ガラス張りで小さい子でも見やすい

デッキは足元までガラス張りになっており、背の低い子どもでも景色が見やすい。ガーデン内にはベンチも点在している。

東京・東京駅

東京駅新幹線ホーム

とうきょうえきしんかんせんほーむ

JR東日本の東北・上越・北陸新幹線と、JR東海の東海道・山陽新幹線が発着する東京駅。

新幹線ホームでは、これらの新幹線を間近で見ることができる。

おすすめは、多彩な新幹線が見られる東北・上越・北陸新幹線のホーム。「はやぶさ」「こまち」の連結や「かがやき」などのE7系、東北新幹線のE2系などバラエティが豊富だ。

新幹線改札内で東海道新幹線のホームにも行き来できるので、「のぞみ」などのN700系も見ることができる。

新幹線を間近に見られるターミナル

さまざまな新幹線が集まる東北・上越・北陸新幹線のホーム。異車種の連結も間近で見られる

ホーム端からは入線する新幹線の姿が見られる

見られる電車

●東北・山形・秋田新幹線
●北陸・上越新幹線
●東海道新幹線
など

access

●JR「東京駅」構内

POINT

入場券で新幹線ホームへ

新幹線の乗車券がなくとも、入場券があればホームに入ることが可能。入場券は新幹線きっぷ売り場で購入ができる。

東京・秋葉原駅

秋葉原UDX

あきはばらゆーでぃーえっくす

秋葉原駅の電気街口を出た目の前に建つオフィスビル「秋葉原UDX」。

駅前からビルにつながるエスカレーターを上った右奥が線路に面したデッキになっており、秋葉原駅を発着する山手線や京浜東北線などを見ることができる。

デッキには線路に向かい合うようにベンチが置かれており、座りながらの鑑賞も可能。

旧万世橋駅跡を利用した商業施設「マーチエキュート神田万世橋」へも徒歩10分ほどの距離で、また違った路線が見られるのでそちらまで足を延ばすのもおすすめだ。

ビル街の麓を走る通勤電車たち

「ひたち」などの特急も時おり通過する

電気街口を出て正面にあるエスカレーターを上った先がUDXの入り口。その右奥にデッキがある

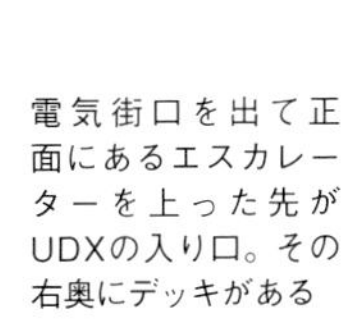

見られる電車

- ●山手線
- ●京浜東北線
- ●上野・東京ライン
- ・ひたち／ときわ
- ●高崎線
- ●宇都宮線

など

access

●JR「秋葉原駅」電気街口より徒歩3分

POINT

広いデッキでのびのび

デッキにはベンチが点在。奥の方には衝立で区切られた広めのベンチもあり、ゆったりと電車ウォッチングを楽しめる。

東京・秋葉原駅

マーチエキュート神田万世橋

まーちえきゅーとかんだまんせいばし

戦前に存在していた中央線の万世橋駅。その駅跡を活用した商業施設が「マーチエキュート神田万世橋」だ。

2階にある展望デッキ「2013プラットホーム」は、旧万世橋駅のプラットホーム跡を整備したもので、まさに駅のホームさながらに、両サイドを中央線が駆け抜けていく。特急「あずさ」「かいじ」が見られることも。

2階には同じくホーム跡を活用したカフェ「プラチナフィッシュ」もあり、こちらも電車が見えるカフェとして人気だ。

施設内には他にも開業時の階段や駅のパーツなど駅跡の遺構が展示されている。

昔の駅のホームが展望スペースに

万世橋のたもとに建つ「マーチエキュート神田万世橋」。かつてはここに駅があった

デッキにつながる階段は1935年から駅の廃止時まで使われていたもの。他にも往時の遺構が一部展示されている

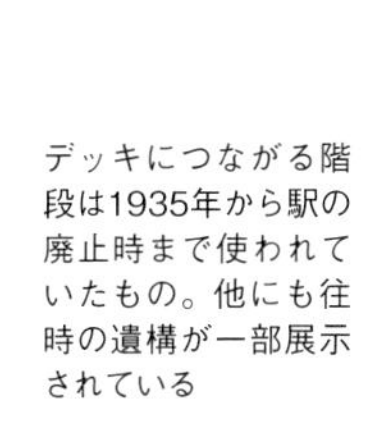

見られる電車

●中央線
・あずさ／かいじ
など

access

●JR「秋葉原駅」電気街口より徒歩8分
●東京メトロ「淡路町駅」より徒歩5分

POINT

1階のテラスからは総武線が見える

万世橋周辺には一帯を囲むように電車が走っており、四方からさまざまな路線が見える。「マーチエキュート神田万世橋」1階のテラスからは総武線が遠望できる。

東京・高輪ゲートウェイ駅

高輪ゲートウェイ駅

たかなわげーとうぇいえき

2020（令和2）年に開業した、山手線の新しい駅、高輪ゲートウェイ。JR東日本の東京総合車両センター田町センターに隣接しており、駅から車両センターに停車する電車を見ることができる。

ビューポイントは、駅構内の2階コンコース。全面ガラスの窓から車両基地を見下ろせる。ここから見える電車は東海道線や常磐線などの車両。「踊り子」や「ひたち」などの特急や、寝台特急「サンライズエクスプレス」の車両が見られることもある。また、奥には東海道新幹線の姿も見える。

最新の駅から車両基地が見渡せる

2階のコンコース。窓の前にはベンチも設置されているが子どもにはやや座りにくい

高輪ゲートウェイ駅の入り口。車両センターが見えるのは改札内になる

見られる電車

- ●山手線
- ●京浜東北線
- ●上野東京ライン
- ●東海道本線・踊り子
- ●東海道新幹線

など

access

●JR「高輪ゲートウェイ駅」構内

POINT

吹き抜けから駅発着の電車を見下ろす

駅構内は吹き抜けになっており、2階から山手線・京浜東北線のホームを見下ろすこともできる。こちらもガラス張りで見やすい。

東京・池袋駅

ダイヤゲート池袋「ダイヤデッキ」

だいやげーといけぶくろ「だいやでっき」

2019（平成31）年に開業した西武池袋駅前のオフィスビル「ダイヤゲート池袋」。

ビルの真下を西武池袋線が通過し、ビル2階の「ダイヤデッキ」からその様子を見ることができる。特急「Laview（ラビュー）」が来ることも。次にどんな電車が来るのか、「西武線アプリ」で調べながら待つのもおすすめだ。右の線路は留置線で時によってさまざまな電車が待機している。

西側にはJRの線路が延びており、山手線や埼京線などが走っているのも見られる。

デッキは広いので落ち着いて西武線ウォッチングを楽しめる。

足下をくぐる西武線の電車たち

ビルの下をくぐり抜けて列車は池袋駅へ向かう

デッキは広々としており、ガラス張りで電車が見やすい

見られる電車

- 西武池袋線
- ・Laview(ラビュー)
- 山手線
- 埼京線
- 湘南新宿ライン

など

access

- 西武「池袋駅」西武南口より徒歩1分
- JR「池袋駅」東口より徒歩5分

POINT

アプリでどんな電車が来るかをチェック！

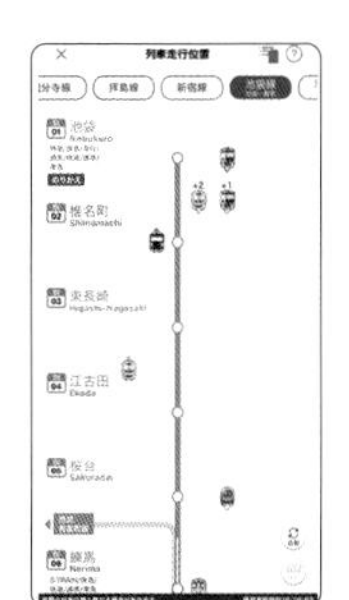

「西武線アプリ」では、駅付近を走る車両の種類をリアルタイムでチェックすることができる。お目当ての車両がある場合はぜひ活用したい。

東京・永福町駅

京王リトナード永福町「ふくにわ」

けいおうりとなーどえいふくちょう「ふくにわ」

京王井の頭線・永福町駅直結の駅ビル「京王リトナード永福町」。その屋上には電車を見下ろせる屋上庭園「ふくにわ」がある。

永福町駅の改札を出るとすぐ右手にエレベーターとエスカレーターがあり、エレベーターで直接、またはエスカレーターと階段を乗り継いで屋上庭園に出られる。

見られる電車は京王井の頭線だけだが、緑に囲まれた屋上庭園で色とりどりの車両をのんびりと眺めるひとときも楽しい。

また、永福町駅ではホームから留置線に停まる保線車両を見ることができるので、駅を訪れたらこちらもチェックしたい。

京王線を見下ろすビュースポット

「京王リトナード永福町」の屋上庭園「ふくにわ」。緑あふれる落ち着く空間だ

永福町駅のホームの端からは留置線に停まる保線車両が見られる

●京王井の頭線

access

●京王「永福町駅」直結

POINT

デッキは階段の通行に注意

井の頭線を見下ろせるデッキはあまり広くなく、階段のそばなので通行人や他の利用者の方に配慮しながら見学するようにしよう。

埼玉・所沢駅

所沢駅 屋外デッキ

ところざわえき　おくがいでっき

近年リニューアルが進む西武線の所沢駅。2020（令和2）年に新設された南改札内には、所沢駅を発着する電車が一望できる屋外デッキが設けられている。デッキはガラス張りで電車がよく見通せる。特急「Laview」やドラえもんラッピングの「DORAEMON－GO！」が来ることも。

南改札側からしか行くことができないので、ホームから改札階にのぼるときはよくチェックしよう。

駅ビルのグランエミオ所沢内にある広場には、昔の所沢駅に使われていた資材が展示されているので、興味があればこちらものぞいてみよう。

駅改札内にできた新ビュースポット

足下までガラス張りなので駅にやってくる電車の姿がよく見通せる

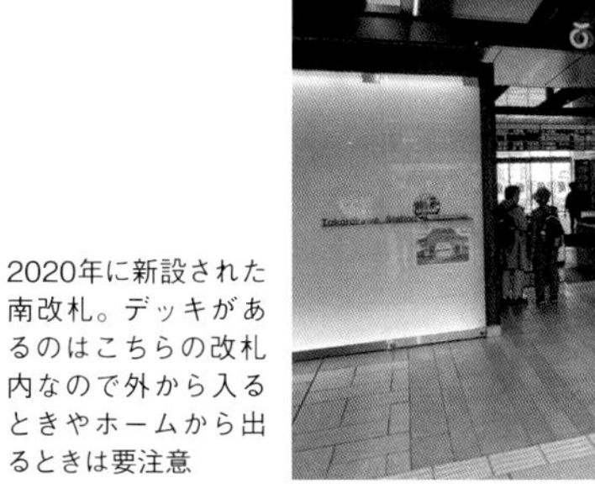

2020年に新設された南改札。デッキがあるのはこちらの改札内なので外から入るときやホームから出るときは要注意

●西武新宿線
・レッドアロー号

●西武池袋線
・Laview（ラビュー）
など

access

●西武「所沢駅」南改札内

POINT

駅ビル内にも鉄道関連の展示が

駅直結の「グランエミオ所沢」３階にある広場「とこにわ」には、昔の所沢駅や西武線で使われていたレールなどが展示されている。

神奈川・武蔵小杉駅

武蔵小杉東急スクエア 展望デッキ

むさしこすぎとうきゅうすくえあ てんぼうでっき

東急東横線・目黒線の武蔵小杉駅に直結する駅ビル「武蔵小杉東急スクエア」。

その4階にユニークな展望デッキがある。両サイドに東急9000系の車両側部が貼られて、まるで電車のホームのよう。デッキからは駅のホームを見下ろすことができ、東横線・目黒線を走るさまざまな電車を見ることができる。

デッキはあまり広くないので、人がいる場合は譲り合いながら見るようにしよう。

東急の連絡改札からデッキのある4階に直結しているほか、JR線もビル2階に連絡しており、アクセスしやすい。

駅のホームみたい？な展望デッキ

東急線からは連絡改札で展望デッキのある4階に直結している

デッキからは電車が駅に発着する様子を見下ろすことができる

見られる電車

●東急東横線
●東急目黒線
など

access

●東急「武蔵小杉駅」東急スクエア連絡口直結
●JR「武蔵小杉駅」南武線口より徒歩1分

POINT

東急9000系の外装が貼られたデッキ

デッキの両サイドに貼られているのは東急 9000 系の外装。左の窓部分には乗り入れ車両も含めた、武蔵小杉駅を発着する電車のリストが掲出されている。

神奈川・川崎駅

カワサキデルタ

かわさきでるた

川崎駅西口に2021（令和3）年にオープンした新しい商業施設「カワサキデルタ」。注目の新トレインビュースポットだ。

線路沿いにデッキが設けられており、南武線や東海道本線、京浜東北線などの電車を眺めることができる。

川崎駅西口のデッキから地続きになっているのでアクセスも良好。デッキのあちこちにベンチが点在しており落ち着いてトレインビューを楽しむことができる。

周囲にはおしゃれな飲食店が並び、ビル内には多目的トイレや授乳室などの設備も備わっている。

川崎駅の新トレインビュースポット

川崎駅西口のデッキからカワサキデルタまでは直結しているので行きやすい

デッキはガラス張りで手前を走る南武線の姿ものぞき込める

見られる電車

●南武線
●京浜東北線
●東海道本線
・踊り子
など

access

●JR「川崎駅」西口より徒歩3分

POINT

石造りのイスやベンチが点在

デッキにはおしゃれな石造りのイスやベンチが点在。高さや向きが異なる所に置かれているので、お気に入りのビューポイントを見つけよう。

神奈川・元住吉駅

元住吉駅 屋外デッキ

もとすみよしえき　おくがいでっき

東京メトロやみなとみらい線、埼玉高速鉄道、相鉄線などさまざまな路線と乗り入れをする東急東横線・目黒線。

元住吉駅にある展望デッキからは、東急線以外にも乗り入れ各社の多彩な車両を見ることができる。

展望デッキは元住吉駅の改札を出て正面にある。足下まで大きなガラスに覆われており、駅を行き交う電車の姿がよく見える。デッキ後方にはベンチも備えられているが、かなり低いので子どもが座るのにもピッタリだ。展望スペースもゆとりがあるので落ち着いて電車鑑賞を楽しめるスポットだ。

改札正面の展望スポット

デッキは広々としていて大きなガラス張りなので視界も良好

駅の改札を出るとすぐ正面にデッキがある。植栽で彩られている

見られる電車

●東急東横線
●東急目黒線
など

access

●東急「元住吉駅」すぐ

POINT

相互乗り入れで多彩な電車が見られる

左上の写真に写るのは、副都心線に乗り入れる西武線の車両。2023（令和5）年春からは相鉄線と東横線・目黒線との直通も開始し、ますます多彩な電車が見られるように。

神奈川・横浜駅

はまレールウォーク

はまれーるうぉーく

2020（令和2）年に開通した、JR横浜駅西口にあるJR横浜タワーとJR横浜鶴屋町ビルを結ぶ歩行者デッキ「はまレールウォーク」。「レールウォーク」の名の通り、通路の真ん中には線路が埋め込まれている。

JR線や京急線の線路に面しており、デッキからは横須賀線や京浜東北線などのJR線、奥には京急の電車の姿も見える。デッキは長く、ホーム端、高架下など場所によって車両の見え方も変わってくる。

隣接するJR横浜タワー内にある「ニュウマン横浜」の屋外デッキや屋上の「うみそらデッキ」からは電車を俯瞰できるのでこちらもぜひ寄ってみよう。

レールの上から線路をウォッチング

デッキは電車が見やすいガラス張りになっている

「レールウォーク」の名の通り、通路の真ん中にはレールが埋められている

見られる電車

●京浜東北線
●湘南新宿ライン
●上野東京ライン
●横須賀線
●東海道本線
・踊り子
●京急本線
など

access

●JR「横浜駅」西口より徒歩5分

POINT

隣接する「ニュウマン横浜」もおすすめ

JR 横浜タワー内にある「ニュウマン横浜」には屋外デッキや、館内の線路に面した至る所がガラス張りになっており、さまざまな角度で電車を見ることができる。

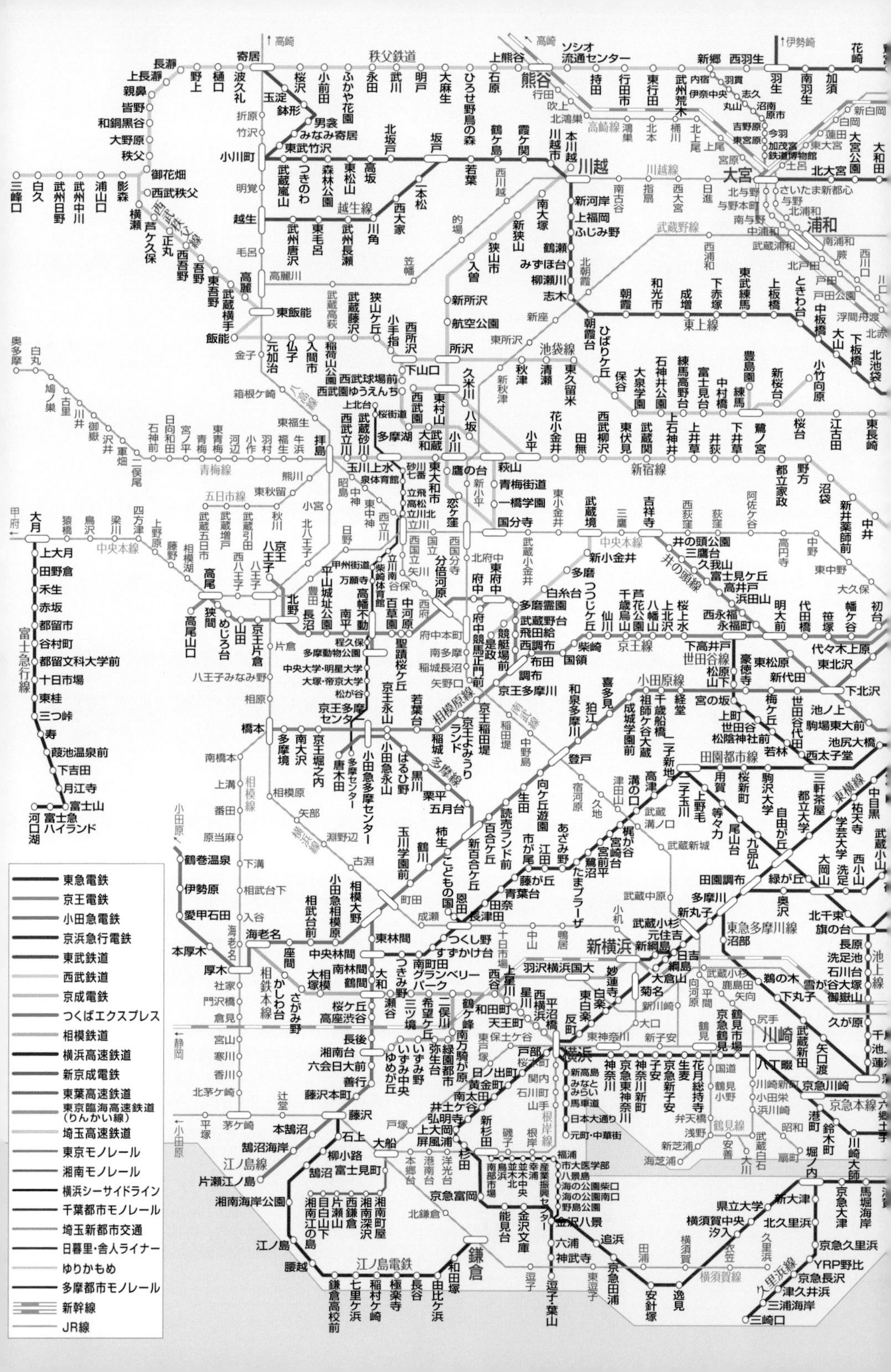

東急電鉄
京王電鉄
小田急電鉄
京浜急行電鉄
東武鉄道
西武鉄道
京成電鉄
つくばエクスプレス
相模鉄道
横浜高速鉄道
新京成電鉄
東葉高速鉄道
東京臨海高速鉄道（りんかい線）
埼玉高速鉄道
東京モノレール
湘南モノレール
横浜シーサイドライン
千葉都市モノレール
埼玉新都市交通
日暮里・舎人ライナー
ゆりかもめ
多摩都市モノレール
新幹線
JR線
秩父鉄道
越生線
西武秩父線
高崎線
川越線
武蔵野線
東上線
池袋線
新宿線
青梅線
五日市線
中央本線
富士急行線
相模原線
京王線
小田原線
井の頭線
世田谷線
田園都市線
東横線
東急多摩川線
池上線
多摩線
相模線
相鉄本線
横浜線
江ノ島線
江ノ島電鉄
横須賀線
京急本線
久里浜線
鶴見線
根岸線
八高線
寄居
長瀞
上長瀞
親鼻
皆野
和銅黒谷
大野原
秩父
御花畑
西武秩父
影森
浦山口
武州中川
武州日野
白久
三峰口
野上
樋口
波久礼
桜沢
小前田
ふかや花園
永田
武川
明戸
大麻生
ひろせ野鳥の森
石原
上熊谷
熊谷
ソシオ流通センター
持田
行田市
東行田
武州荒木
新郷
西羽生
羽生
南羽生
加須
花崎
玉淀
鉢形
男衾
みなみ寄居
東武竹沢
小川町
武蔵嵐山
つきのわ
森林公園
東松山
高坂
北坂戸
坂戸
若葉
鶴ケ島
霞ケ関
川越市
本川越
川越
大宮
北大宮
浦和
武州長瀬
東毛呂
武州唐沢
川角
西大家
一本松
越生
高麗
東飯能
飯能
武蔵横手
東吾野
吾野
西吾野
正丸
芦ケ久保
横瀬
元加治
仏子
入間市
稲荷山公園
武蔵藤沢
狭山ケ丘
小手指
西所沢
所沢
下山口
西武球場前
西武園ゆうえんち
新所沢
航空公園
入曽
狭山市
新狭山
南大塚
新河岸
上福岡
ふじみ野
鶴瀬
みずほ台
柳瀬川
志木
朝霞台
朝霞
和光市
成増
下赤塚
東武練馬
上板橋
ときわ台
中板橋
大山
下板橋
北池袋
秋津
清瀬
東久留米
ひばりケ丘
保谷
大泉学園
石神井公園
練馬高野台
富士見台
中村橋
練馬
豊島園
新桜台
小竹向原
久米川
八坂
東村山
西武園
武蔵大和
多摩湖
小川
萩山
小平
花小金井
田無
西武柳沢
東伏見
武蔵関
上石神井
上井草
井荻
下井草
鷺ノ宮
都立家政
野方
沼袋
新井薬師前
中井
桜台
江古田
東長崎
拝島
西武立川
武蔵砂川
玉川上水
東大和市
鷹の台
恋ケ窪
国分寺
青梅街道
一橋学園
武蔵境
吉祥寺
井の頭公園
三鷹台
久我山
富士見ケ丘
高井戸
浜田山
西永福
永福町
明大前
代田橋
笹塚
幡ケ谷
初台
大月
上大月
田野倉
禾生
赤坂
都留市
谷村町
都留文科大学前
十日市場
東桂
三つ峠
寿
葭池温泉前
下吉田
月江寺
富士山
富士急ハイランド
河口湖
高尾
高尾山口
狭間
めじろ台
山田
京王片倉
北野
京王八王子
長沼
平山城址公園
南平
高幡不動
百草園
聖蹟桜ケ丘
中河原
分倍河原
府中
東府中
多磨霊園
武蔵野台
飛田給
西調布
布田
国領
柴崎
つつじケ丘
仙川
千歳烏山
芦花公園
八幡山
上北沢
桜上水
下高井戸
調布
京王多摩川
京王稲田堤
京王よみうりランド
稲城
若葉台
京王永山
京王多摩センター
南大沢
京王堀之内
多摩境
橋本
唐木田
小田急多摩センター
小田急永山
はるひ野
黒川
栗平
五月台
柿生
鶴川
玉川学園前
町田
相模大野
小田急相模原
相武台前
座間
海老名
厚木
本厚木
愛甲石田
伊勢原
鶴巻温泉
新百合ケ丘
百合ケ丘
読売ランド前
生田
向ケ丘遊園
登戸
和泉多摩川
狛江
喜多見
成城学園前
祖師ケ谷大蔵
千歳船橋
経堂
豪徳寺
梅ケ丘
世田谷代田
下北沢
東北沢
代々木上原
宮の坂
上町
世田谷
松陰神社前
若林
西太子堂
三軒茶屋
池尻大橋
駒場東大前
池ノ上
新代田
東松原
二子玉川
二子新地
高津
溝の口
梶が谷
宮崎台
宮前平
鷺沼
たまプラーザ
あざみ野
江田
市が尾
藤が丘
青葉台
田奈
長津田
つくし野
すずかけ台
南町田グランベリーパーク
つきみ野
中央林間
東林間
南林間
鶴間
大和
桜ケ丘
高座渋谷
長後
湘南台
六会日大前
善行
藤沢本町
藤沢
本鵠沼
鵠沼海岸
片瀬江ノ島
新横浜
日吉
綱島
大倉山
菊名
妙蓮寺
白楽
東白楽
反町
横浜
元住吉
武蔵小杉
新丸子
多摩川
田園調布
奥沢
緑が丘
大岡山
洗足
西小山
武蔵小山
自由が丘
都立大学
学芸大学
祐天寺
中目黒
九品仏
尾山台
等々力
上野毛
桜新町
用賀
駒沢大学
沼部
鵜の木
下丸子
久が原
雪が谷大塚
御嶽山
石川台
洗足池
長原
旗の台
北千束
川崎
京急川崎
八丁畷
鶴見市場
京急鶴見
花月総持寺
生麦
京急新子安
子安
神奈川新町
京急東神奈川
神奈川
戸部
日ノ出町
黄金町
南太田
井土ケ谷
弘明寺
上大岡
屏風浦
杉田
京急富岡
能見台
金沢文庫
金沢八景
追浜
京急田浦
安針塚
逸見
汐入
横須賀中央
県立大学
堀ノ内
新大津
北久里浜
京急久里浜
京急大津
馬堀海岸
浦賀
YRP野比
京急長沢
津久井浜
三浦海岸
三崎口
六浦
神武寺
逗子・葉山
新高島
みなとみらい
馬車道
日本大通り
元町・中華街
大船
鎌倉
江ノ島
腰越
湘南海岸公園
鎌倉高校前
七里ケ浜
稲村ケ崎
極楽寺
長谷
由比ケ浜
和田塚
富士見町
湘南江の島
目白山下
湘南深沢
湘南町屋
西鎌倉
片瀬山
柳小路
石上
鵠沼
いずみ中央
ゆめが丘
いずみ野
弥生台
緑園都市
南万騎が原
二俣川
希望ケ丘
三ツ境
瀬谷
かしわ台
さがみ野
相模大塚
西谷
上星川
星川
天王町
西横浜
平沼橋
鶴ケ峰
和田町
羽沢横浜国大
市大医学部
八景島
海の公園柴口
海の公園南口
野島公園
幸浦
産業振興センター
並木中央
並木北
鳥浜
南部市場
新杉田

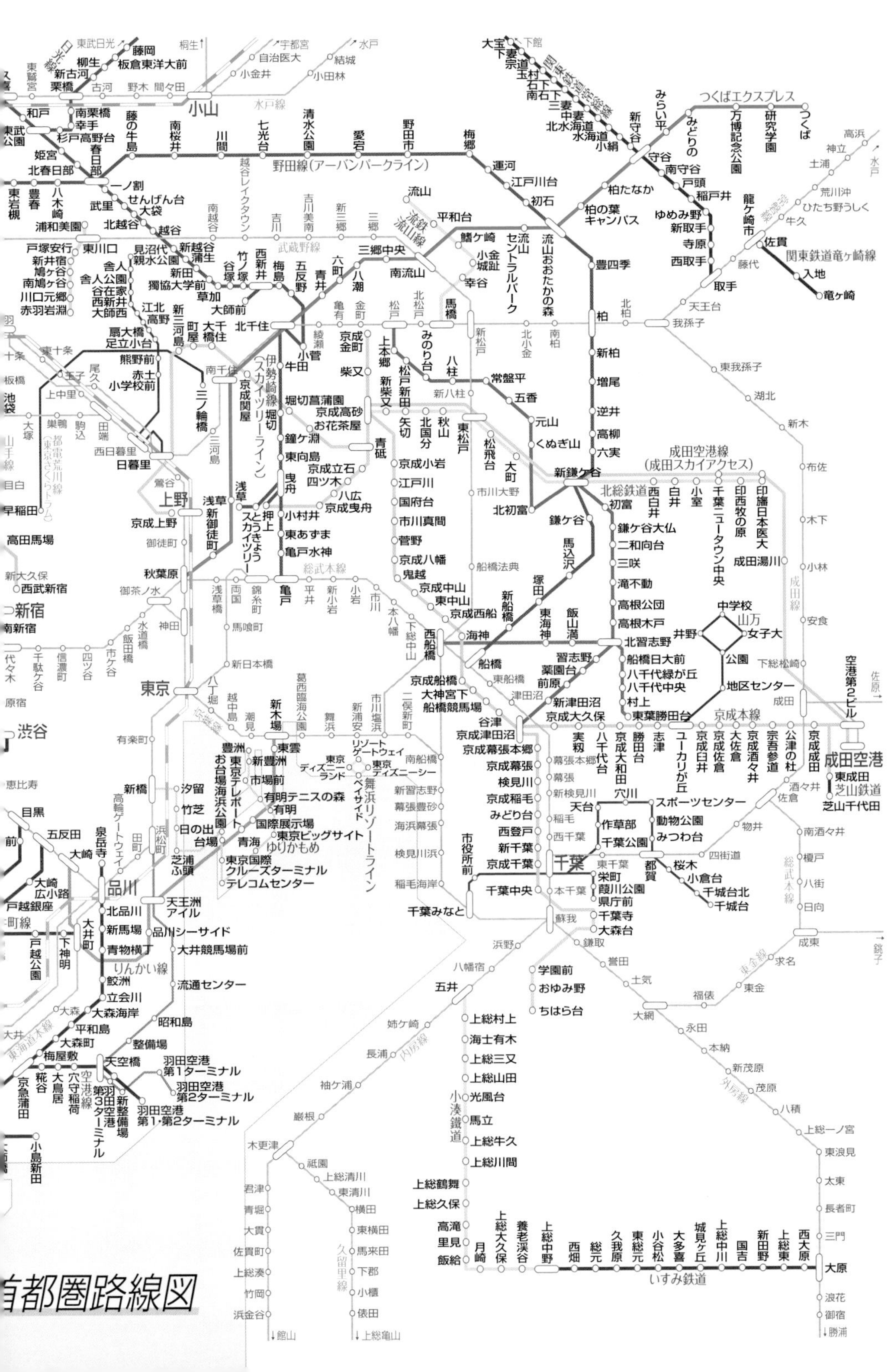

首都圏路線図
東武日光
日光線
藤岡
板倉東洋大前
柳生
新古河
栗橋
東鷲宮
古河
野木
間々田
小山
桐生
宇都宮
自治医大
小金井
水戸
結城
小田林
水戸線
和戸
南栗橋
幸手
杉戸高野台
東武動物公園
春日部
姫宮
北春日部
藤の牛島
南桜井
川間
七光台
清水公園
愛宕
野田市
梅郷
野田線（アーバンパークライン）
運河
江戸川台
初石
流山おおたかの森
豊四季
柏
新柏
増尾
逆井
高柳
六実
新鎌ケ谷
一ノ割
武里
せんげん台
大袋
北越谷
越谷
新越谷
蒲生
獨協大学前
草加
新田
谷塚
竹ノ塚
西新井
梅島
五反野
小菅
北千住
牛田
東岩槻
豊春
八木崎
浦和美園
東川口
戸塚安行
新井宿
鳩ヶ谷
南鳩ヶ谷
川口元郷
赤羽岩淵
見沼代親水公園
舎人
舎人公園
谷在家
西新井大師西
江北
高野
扇大橋
足立小台
熊野前
赤土小学校前
町屋
千住大橋
新三河島
三ノ輪橋
南千住
越谷レイクタウン
南越谷
吉川
吉川美南
新三郷
三郷
武蔵野線
南流山
三郷中央
八潮
六町
青井
流山
平和台
鰭ヶ崎
小金城趾
幸谷
流鉄流山線
流山セントラルパーク
亀有
金町
松戸
北松戸
馬橋
新松戸
北小金
南柏
北柏
我孫子
天王台
取手
藤代
佐貫
龍ケ崎市
牛久
ひたち野うしく
荒川沖
土浦
神立
高浜
水戸
関東鉄道竜ケ崎線
入地
竜ヶ崎
常磐線
京成金町
柴又
上本郷
松戸新田
みのり台
八柱
新八柱
常盤平
五香
元山
くぬぎ山
北初富
新柴又
京成関屋
伊勢崎線（スカイツリーライン）
堀切菖蒲園
京成高砂
お花茶屋
堀切
鐘ケ淵
東向島
曳舟
京成立石
四ツ木
青砥
八広
京成曳舟
小村井
東あずま
亀戸水神
押上
とうきょうスカイツリー
浅草
新御徒町
上野
京成上野
御徒町
秋葉原
御茶ノ水
神田
東京
矢切
北国分
秋山
東松戸
松飛台
大町
市川大野
京成小岩
江戸川
国府台
市川真間
菅野
京成八幡
鬼越
京成中山
東中山
京成西船
海神
船橋法典
西船橋
船橋
東船橋
津田沼
新船橋
塚田
馬込沢
鎌ケ谷
東海神
飯山満
北習志野
高根木戸
高根公団
滝不動
三咲
二和向台
鎌ケ谷大仏
初富
北総鉄道
西白井
白井
小室
千葉ニュータウン中央
印西牧の原
印旛日本医大
成田湯川
成田空港線（成田スカイアクセス）
湖北
新木
布佐
木下
小林
安食
下総松崎
成田
成田線
東我孫子
空港第2ビル
成田空港
東成田
芝山鉄道
芝山千代田
中学校
山万
井野
女子大
公園
地区センター
東葉勝田台
村上
八千代中央
八千代緑が丘
船橋日大前
習志野
薬園台
前原
新津田沼
京成大久保
京成津田沼
谷津
京成船橋
大神宮下
船橋競馬場
京成本線
実籾
八千代台
京成大和田
勝田台
志津
ユーカリが丘
京成臼井
京成佐倉
大佐倉
京成酒々井
宗吾参道
公津の杜
京成成田
酒々井
佐倉
物井
四街道
南酒々井
榎戸
八街
日向
成東
総武本線
求名
東金
東金線
福俵
土気
誉田
大網
鎌取
永田
本納
新茂原
茂原
外房線
八積
上総一ノ宮
東浪見
太東
長者町
三門
大原
浪花
御宿
勝浦
いすみ鉄道
西大原
上総東
新田野
国吉
上総中川
城見ヶ丘
大多喜
小谷松
東総元
久我原
総元
西畑
上総中野
養老渓谷
上総大久保
月崎
飯給
里見
高滝
上総久保
上総鶴舞
上総川間
上総牛久
馬立
光風台
上総山田
上総三又
海士有木
上総村上
五井
小湊鐵道
八幡宿
浜野
蘇我
姉ケ崎
長浦
内房線
袖ケ浦
巌根
木更津
君津
青堀
大貫
佐貫町
上総湊
竹岡
浜金谷
館山
祇園
上総清川
東清川
横田
東横田
馬来田
下郡
小櫃
俵田
上総亀山
久留里線
京成幕張本郷
京成幕張
検見川
京成稲毛
みどり台
西登戸
新千葉
京成千葉
千葉中央
千葉
東千葉
本千葉
市役所前
千葉みなと
栄町
葭川公園
県庁前
千葉寺
大森台
学園前
おゆみ野
ちはら台
都賀
桜木
小倉台
千城台北
千城台
天台
作草部
千葉公園
穴川
スポーツセンター
動物公園
みつわ台
幕張本郷
幕張
新検見川
稲毛
西千葉
南船橋
新習志野
幕張豊砂
海浜幕張
検見川浜
稲毛海岸
浅草橋
両国
錦糸町
平井
新小岩
小岩
市川
本八幡
下総中山
総武本線
馬喰町
新日本橋
八丁堀
越中島
潮見
新木場
葛西臨海公園
舞浜
新浦安
市川塩浜
二俣新町
京葉線
東京ディズニーランド
リゾートゲートウェイ
東京ディズニーシー
ベイサイド
舞浜リゾートライン
東雲
豊洲
新豊洲
市場前
東京テレポート
お台場海浜公園
有明テニスの森
有明
国際展示場
東京ビッグサイト
青海
台場
ゆりかもめ
東京国際クルーズターミナル
テレコムセンター
汐留
竹芝
日の出
芝浦ふ頭
有楽町
新橋
浜松町
田町
高輪ゲートウェイ
品川
天王洲アイル
品川シーサイド
大井競馬場前
流通センター
昭和島
整備場
天空橋
羽田空港第1ターミナル
羽田空港第2ターミナル
羽田空港第1・第2ターミナル
羽田空港第3ターミナル
新整備場
東京モノレール
りんかい線
北品川
新馬場
青物横丁
鮫洲
立会川
大森海岸
平和島
大森町
梅屋敷
京急蒲田
糀谷
大鳥居
穴守稲荷
空港線
小島新田
泉岳寺
大崎
五反田
目黒
大崎広小路
戸越銀座
戸越公園
下神明
大井町
大森
大井
東海道本線
渋谷
恵比寿
原宿
代々木
千駄ケ谷
信濃町
四ツ谷
市ケ谷
飯田橋
水道橋
新宿
南新宿
新大久保
西武新宿
高田馬場
早稲田
目白
池袋
大塚
巣鴨
駒込
田端
西日暮里
日暮里
鶯谷
上中里
王子
尾久
東十条
十条
板橋
山手線
都電荒川線（東京さくらトラム）
関東鉄道常総線
大宝
下妻
宗道
玉村
騰波ノ江
南石下
石下
三妻
中妻
北水海道
水海道
小絹
新守谷
守谷
南守谷
戸頭
稲戸井
ゆめみ野
新取手
寺原
西取手
下館
つくばエクスプレス
みらい平
みどりの
万博記念公園
研究学園
つくば
柏たなか
柏の葉キャンパス
鹿原
佐原
銚子

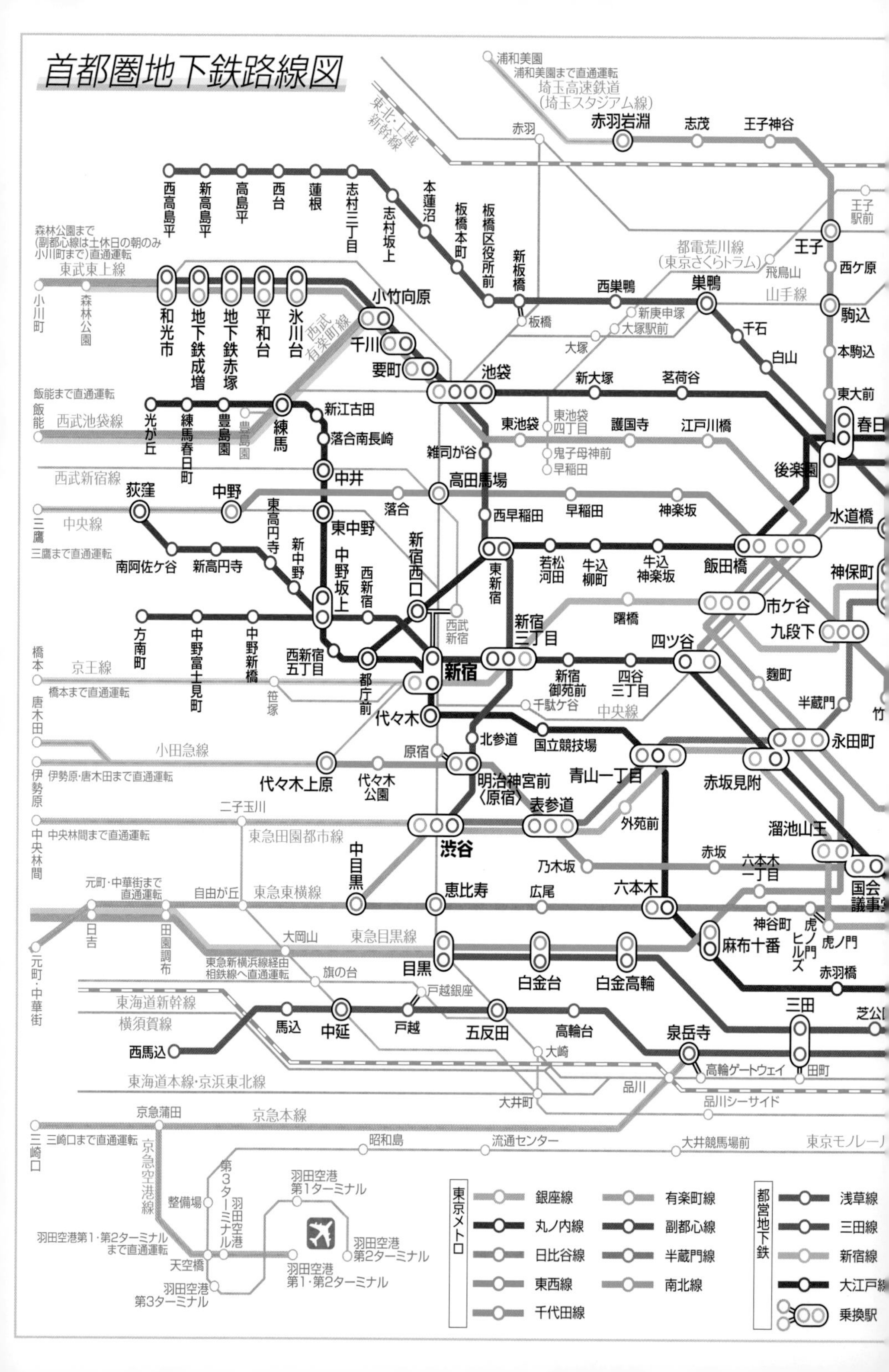
首都圏地下鉄路線図
浦和美園
浦和美園まで直通運転
埼玉高速鉄道
(埼玉スタジアム線)
東北・上越新幹線
赤羽
赤羽岩淵
志茂
王子神谷
西高島平
新高島平
高島平
西台
蓮根
志村三丁目
志村坂上
本蓮沼
板橋本町
板橋区役所前
新板橋
板橋
王子駅前
王子
西ケ原
都電荒川線
(東京さくらトラム)
飛鳥山
山手線
森林公園まで
(副都心線は土休日の朝のみ
小川町まで)直通運転
東武東上線
小川町
森林公園
和光市
地下鉄成増
地下鉄赤塚
平和台
氷川台
西武有楽町線
小竹向原
千川
要町
西巣鴨
巣鴨
新庚申塚
大塚駅前
大塚
千石
白山
駒込
本駒込
池袋
新大塚
茗荷谷
東大前
飯能まで直通運転
飯能
西武池袋線
光が丘
練馬春日町
豊島園
練馬
新江古田
落合南長崎
東池袋
東池袋四丁目
護国寺
江戸川橋
春日
雑司が谷
鬼子母神前
早稲田
後楽園
西武新宿線
中井
荻窪
中野
高田馬場
落合
西早稲田
早稲田
神楽坂
水道橋
三鷹
中央線
三鷹まで直通運転
東中野
東高円寺
新中野
中野坂上
新宿西口
東新宿
若松河田
牛込柳町
牛込神楽坂
飯田橋
神保町
南阿佐ケ谷
新高円寺
西新宿
市ケ谷
曙橋
方南町
中野富士見町
中野新橋
西武新宿
新宿三丁目
四ツ谷
九段下
橋本
京王線
橋本まで直通運転
西新宿五丁目
都庁前
新宿
新宿御苑前
四谷三丁目
麴町
笹塚
千駄ケ谷
中央線
半蔵門
唐木田
代々木
北参道
国立競技場
永田町
小田急線
伊勢原
伊勢原・唐木田まで直通運転
原宿
代々木上原
代々木公園
明治神宮前〈原宿〉
青山一丁目
赤坂見附
二子玉川
表参道
外苑前
中央林間
中央林間まで直通運転
東急田園都市線
渋谷
溜池山王
中目黒
乃木坂
赤坂
六本木一丁目
国会議事堂前
元町・中華街まで直通運転
自由が丘
東急東横線
恵比寿
広尾
六本木
日吉
田園調布
元町・中華街
大岡山
東急目黒線
神谷町
虎ノ門ヒルズ
虎ノ門
麻布十番
目黒
白金台
白金高輪
東急新横浜線経由
相鉄線へ直通運転
旗の台
戸越銀座
赤羽橋
東海道新幹線
横須賀線
三田
西馬込
馬込
中延
戸越
五反田
高輪台
泉岳寺
大崎
高輪ゲートウェイ
田町
東海道本線・京浜東北線
品川
大井町
品川シーサイド
京急蒲田
京急本線
三崎口
三崎口まで直通運転
京急空港線
昭和島
流通センター
大井競馬場前
東京モノレール
整備場
第3ターミナル
羽田空港第1ターミナル
羽田空港第2ターミナル
羽田空港第1・第2ターミナルまで直通運転
天空橋
羽田空港第3ターミナル
羽田空港第1・第2ターミナル
東京メトロ
銀座線
丸ノ内線
日比谷線
東西線
千代田線
有楽町線
副都心線
半蔵門線
南北線
都営地下鉄
浅草線
三田線
新宿線
大江戸線
乗換駅

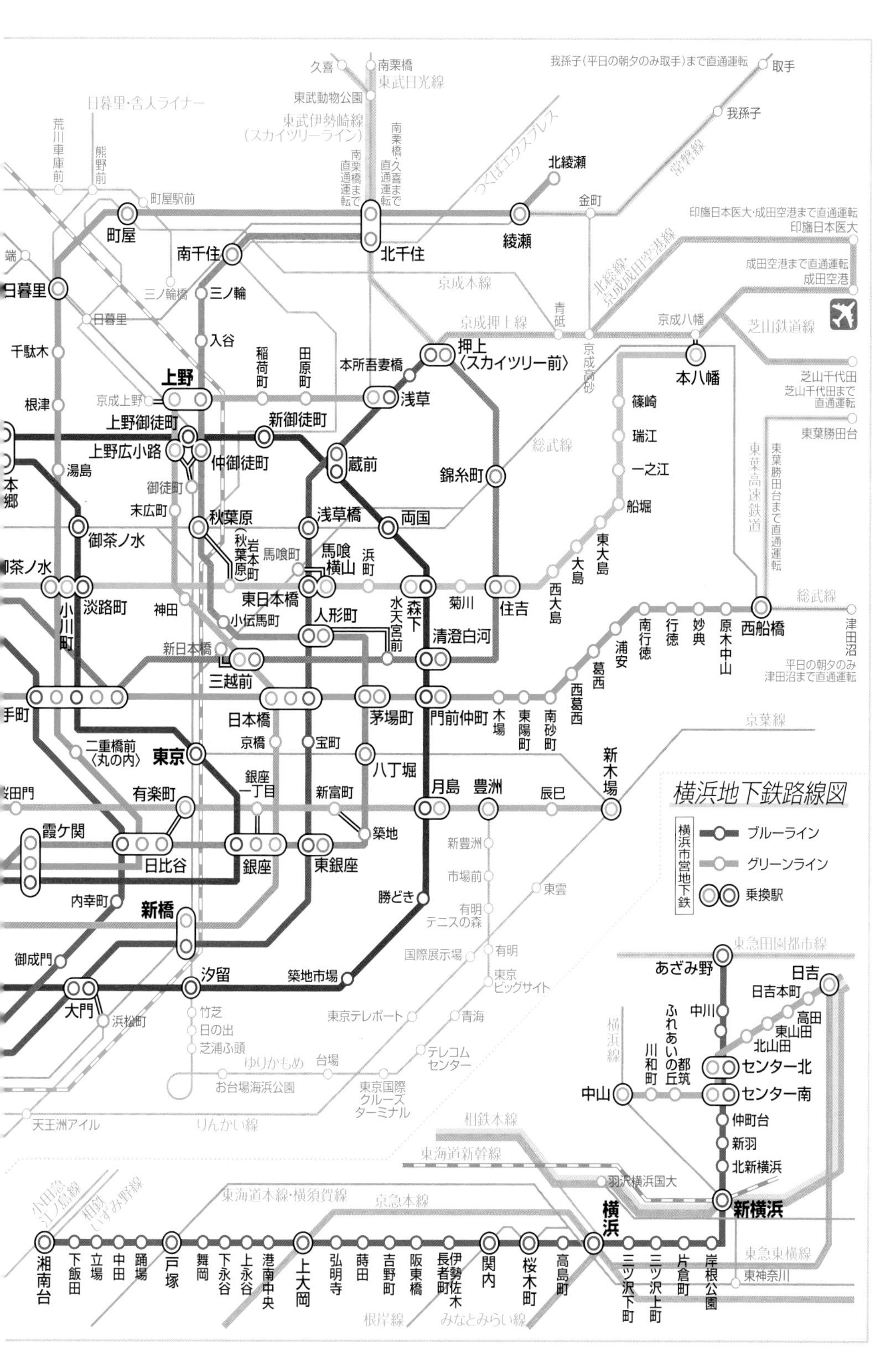

久喜
南栗橋
東武日光線
東武動物公園
東武伊勢崎線（スカイツリーライン）
南栗橋・久喜直通運転まで
南栗橋まで直通運転
日暮里・舎人ライナー
荒川車庫前
熊野前
町屋駅前
我孫子（平日の朝夕のみ取手）まで直通運転
取手
我孫子
常磐線
つくばエクスプレス
北綾瀬
金町
印旛日本医大・成田空港まで直通運転
印旛日本医大
成田空港まで直通運転
成田空港
北総線・京成成田空港線
町屋
南千住
北千住
綾瀬
京成本線
日暮里
三ノ輪橋
三ノ輪
日暮里
青砥
京成押上線
京成八幡
芝山鉄道線
入谷
千駄木
稲荷町
田原町
本所吾妻橋
押上〈スカイツリー前〉
京成高砂
本八幡
芝山千代田
芝山千代田まで直通運転
上野
京成上野
根津
浅草
篠崎
東葉勝田台
上野御徒町
新御徒町
瑞江
上野広小路
仲御徒町
蔵前
総武線
湯島
錦糸町
一之江
東葉高速鉄道
東葉勝田台まで直通運転
本郷
御徒町
末広町
浅草橋
両国
船堀
御茶ノ水
秋葉原
岩本町（秋葉原）
馬喰町
馬喰横山
浜町
東大島
大島
御茶ノ水
小川町
淡路町
東日本橋
菊川
住吉
西大島
総武線
津田沼
神田
小伝馬町
人形町
水天宮前
森下
清澄白河
南行徳
行徳
妙典
原木中山
西船橋
浦安
平日の朝夕のみ津田沼まで直通運転
新日本橋
三越前
葛西
西葛西
大手町
日本橋
茅場町
門前仲町
木場
東陽町
南砂町
京葉線
二重橋前〈丸の内〉
東京
京橋
宝町
八丁堀
新木場
桜田門
有楽町
銀座一丁目
新富町
月島
豊洲
辰巳
横浜地下鉄路線図
横浜市営地下鉄
ブルーライン
グリーンライン
乗換駅
霞ケ関
日比谷
銀座
東銀座
築地
新豊洲
市場前
東雲
内幸町
勝どき
有明テニスの森
新橋
国際展示場
有明
東急田園都市線
御成門
築地市場
東京ビッグサイト
あざみ野
日吉
日吉本町
大門
汐留
浜松町
竹芝
日の出
芝浦ふ頭
東京テレポート
青海
中川
高田
東山田
北山田
ふれあいの丘
都筑
川和町
横浜線
ゆりかもめ
台場
テレコムセンター
センター北
センター南
中山
お台場海浜公園
東京国際クルーズターミナル
天王洲アイル
りんかい線
相鉄本線
仲町台
新羽
北新横浜
東海道新幹線
羽沢横浜国大
小田急江ノ島線
相鉄いずみ野線
東海道本線・横須賀線
京急本線
新横浜
横浜
東急東横線
東神奈川
湘南台
下飯田
立場
中田
踊場
戸塚
舞岡
下永谷
上永谷
港南中央
上大岡
弘明寺
蒔田
吉野町
阪東橋
伊勢佐木長者町
関内
桜木町
高島町
三ツ沢下町
三ツ沢上町
片倉町
岸根公園
根岸線
みなとみらい線

COLUMN 4

観光列車に乗ろう

特別なコンセプトに基づいたデザインや車内体験など、特急や新幹線とも一味違う「乗る楽しみ」を提供してくれる観光列車。首都圏を含む関東エリアにもユニークな観光列車がいくつも走っている。事前予約が必要なものも多いので、確実に乗りたい場合はしっかり計画を立てて乗りに行こう。

埼玉県の熊谷～三峰口間を走る「SLパレオエクスプレス」。首都圏からでも日帰りでSLに乗車することができる、"都心から一番近い"SL列車だ。ちなみに「パレオ」は秩父地方に生息していた海獣にちなんでいる。

千葉県の小湊鐵道を走る観光列車「房総里山トロッコ」。例年春～秋の土日を中心に運転されている。SL風の機関車がレトロな客車を牽く、かわいらしい列車だ。春には車窓から満開の菜の花畑を楽しめる。

本文デザイン／田中麻里（フェルマータ）
カバーデザイン／天池 聖（drnco.）
編集／篠原あさ美（「旅と鉄道」編集部）

旅鉄 GUIDE 005
子どもと行く
首都圏トレインビュースポット

2023 年 5 月 27 日　初版第 1 刷発行

編　者　　「旅と鉄道」編集部
発行人　　勝峰富雄
発　行　　株式会社天夢人
〒 101-0051　東京都千代田区神田神保町 1-105
https://www.temjin-g.co.jp/
発　売　　株式会社山と溪谷社
〒 101-0051　東京都千代田区神田神保町 1-105
印刷・製本　大日本印刷株式会社

◉内容に関するお問合せ先
「旅と鉄道」編集部　info@temjin-g.co.jp　電話 03-6837-4680
◉乱丁・落丁のお問合せ先
山と溪谷社カスタマーセンター　service@yamakei.co.jp
◉書店・取次様からのご注文先
山と溪谷社受注センター　電話 048-458-3455　FAX048-421-0513
◉書店・取次様からのご注文以外のお問合せ先
eigyo@yamakei.co.jp

・定価はカバーに表示してあります。

Printed in Japan
ISBN 978-4-635-82483-5